U0140537

中国社会科学院中国边疆史地研究中心　**厉声 主编**

当代中国边疆·民族地区典型百村调查：**新疆卷（第二辑）**

分卷主编：**马品彦　李　方**

分卷副主编：**孟　楠　许建英**

中国社会科学院中国边疆史地研究中心　厉　声　主编

当代中国边疆·民族地区典型百村调查：**新疆卷**（第二辑）

西境村事

——新疆霍城县清水河镇二宫村调查报告

杨富强◎著

社会科学文献出版社

SOCIAL SCIENCES ACADEMIC PRESS (CHINA)

"当代中国边疆·民族地区典型百村调查"
总　序

　　深入实际、开展国情调研，是中国社会科学院肩负的重要科研任务，也是中国社会科学院履行好党中央、国务院赋予的"思想库"、"智囊团"职能的重要方式。中国边疆省区占国土面积的60%以上，边疆区情及当地的民族社会调研（边疆调研）是中国国情调研的重要组成部分。正如一位边疆工作者所说：不了解少数民族，就不了解中华民族；不了解边疆，就不了解中国。1983年中国社会科学院中国边疆史地研究中心建立后，特别是1990年以来，一直将边疆调研作为学科研究的重点之一。

　　2004年，中国边疆史地研究中心承担国家社科基金特别项目"新疆历史与现状综合研究"（简称"新疆项目"）。2006年，中国边疆史地研究中心牵头，立项开展"当代中国边疆·民族地区典型百村调查"（简称"百村调查"），作为此特别项目的子课题。"百村调查"以新疆为重点，在全国新疆、西藏、内蒙古、宁夏、广西五个民族自治区和云南、吉林、黑龙江三省基层地区同时开展，共调查100个边疆基层村落。调查工作在"新疆项目"领导小组和专家委员会指导下，由"百村调查"

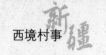

专家委员会暨编委会组织实施。在中国边疆史地研究中心主持拟定的调查大纲框架下，发挥每个省区的优势，体现各自的特色。

本项目的实施得到了边疆地区各级地方党政部门的支持。首先，调查工作注意与地方党政部门的相关工作衔接、听取意见，在实施调查之前，主动向各级党政部门汇报情况，听取指示和意见。其次，调查组主动让各级党政部门了解调研的全过程，在调研过程中出现问题时及时向相关党政部门请示。再次，调研阶段成果和最终成果的副本同时提供地方党政部门参考。

"百村调查"的调研主题是：改革开放30年来中国边疆基层村落的民族社会和经济发展的历史与现状。具体内容包括：乡村概况、基层组织、经济发展、社会生活、民族、宗教、文教卫生、民俗风情等。项目调研的时间是：2007~2008年（资料下限至2007年底或适当延长）。

"百村调查"的调研对象为：100个具有典型意义与特色的中国边疆基层村落。课题以基层乡、村两级为调查基点，大致每个省区选择2个地州，每个地州选择1~2个县，每个县选择2个乡，每个乡选择2个村。新疆共调查22个村，其他地区均为13个村（辽宁、吉林、黑龙江以东北边疆为单元，共调查13个村）。调查点的选择要求：

（1）本地区社会稳定与经济发展中具有典型意义的基层乡和村。

（2）存在边疆现实政治、社会或经济发展的热点、难点问题。

（3）与20世纪50年代全国边疆民族调查能有一定的衔接。

"百村调查"采取学术调查与现实政治相结合的方法，以社会人类学入村入户调研方法为主，同时关注现实政治、社会与经济发展中的热点、难点问题：一般共性调查与专题专访调查相结合，在一般综合性调查的基础上，选择好专访或专题调研的"切入点"——总结经验与完善不足相结合，在总结各项工作经验的同时，善于发现问题和提出解决问题的对策与建议。调研注重入户访谈和小范围座谈的专访调查。在一般性问卷和统计资料收集的基础上，注重对基层干部、群众典型、教师、宗教人士等特定人员的专题访谈，倾听和收集他们对基层社会稳定与经济发展的看法、意见和建议，形成能说明问题的专访或专题调研报告。

"百村调查"的成果形式分为调查综合报告与专题报告两大类。

（1）调查综合报告：依据大纲规定，撰写有关乡村经济社会等发展状况的综合报告，课题结项后分期公开出版。专题报告及调查资料可以公开发表的，在篇幅允许的情况下，作为附录附在综合报告末尾。

（2）专题报告：内容较敏感、不适宜公开出版的专题报告，集成《专题报告集》，内部刊印。

"百村调查"总主编　厉声　谨识

2009 年 8 月 25 日

目　录
CONTENTS

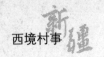

图目录
FIGURE CONTENTS

表目录
TABLE CONTENTS

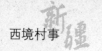

序　言
FOREWORD

　　"当代中国边疆·民族地区基层社会与经济发展典型调研"是中国社会科学院中国边疆史地研究中心主持的国家社会科学基金特别项目"新疆历史与现状综合研究"的子课题，这项课题调查的范围包括新疆、西藏、内蒙古、广西、云南、吉林、黑龙江7个边疆省区及宁夏民族地区。2006年12月，课题在北京正式启动。课题组（以后称丛书编委会）在这次会议上决定，在上述地区选择具有典型意义的100个村落开展调查，因此，这项课题又称"当代中国边疆·民族地区典型百村调查"（简称"百村调查"）。作为会议的重要内容之一，这次会议还决定了各个地区调查村落的数目，新疆作为这次大型调查活动的重点区域，分配了22个村的调查任务，其他地区均为13个村（后来有所调整，吉林省与黑龙江省共调查了13个村）。

一　新疆作为重点调查区域的原因与选点的基本思路

　　新疆地区之所以作为这次调查的重点区域，除了该课题是"新疆历史与现状综合研究"的子课题，理所当然应以新疆为重点之外，还有深刻的客观原因。

1

第一，新疆是中国行政面积最大的边疆省区，全疆共有160多万平方公里。新疆"三山夹二盆"（北为阿尔泰山脉、中有天山山脉、南为昆仑山脉，前两山夹准噶尔盆地，后两山夹塔里木盆地），自然地理环境独特，天山居中将新疆分为南北两部分，俗称南疆、北疆；东部哈密、吐鲁番等地俗称东疆。南疆、北疆、东疆鼎足而三，调查点要覆盖这些地区，村落的数目自然要比其他地区多。

第二，新疆是中国国境线最长、接壤国家最多的省区。新疆从东北到西南与蒙古国、俄罗斯联邦、哈萨克斯坦共和国、吉尔吉斯斯坦共和国、塔吉克斯坦共和国、阿富汗共和国、巴基斯坦共和国、印度共和国8个国家接壤，国界线长达5600多公里。国界线长意味着边境村镇众多，接壤国家多意味着国际关系复杂。改革开放以来，新疆作为中国对外开放的窗口和前沿阵地，制定了"全方位开放，向西倾斜，外引内联，东联西出"发展外向型经济的方针。2001年6月，中、俄、哈、吉、塔、乌六国成立上海合作组织。该组织刚开始主要进行军事和安全领域的合作，2006年发展到11个成员国和观察员国，合作范围扩展到政治、安全、经济与人文各个领域，新疆连接欧亚大陆桥的桥头堡的作用更加凸显。新疆的这种地理环境和形势格局，势必深刻影响到本地区的各个层面。本次调查以"边疆基层地区"为主题，调查内容不仅涉及新疆基层地区的经济社会发展状况，而且涉及对外交流状况、边境安全问题、边境村生产生活的现状，甚至跨国婚姻、跨境民族（新疆在边疆省区中跨国、跨境民族最多），等等，内容相当广泛。

第三，新疆是少数民族最多的省区之一。全疆有47个民族（据说近年来又有所增加，达到 50 多个），其中 13 个民族是世居民族，分别是维吾尔族、汉族、哈萨克族、回族、蒙古族、柯尔克孜族、锡伯族、塔吉克族、乌孜别克族、满族、达翰尔族、塔塔尔族和俄罗斯族。维吾尔族是新疆的主体民族。本次调研虽然不以少数民族为主题，而以"边疆村落"为主旨，但是新疆的社会人口结构，以及本课题所要求的"典型性"，都决定了调查点必须考虑各民族的分布、各民族不同生产方式和生活习俗对社会经济的影响、各民族之间的关系等问题，以便于更清晰地反映新疆基层地区的现实状况。

第四，新疆是唯一现存生产建设兵团的边疆省区。屯垦戍边，开发边疆，巩固边防，是中国传统的治国方略。早在 1949 年 10 月，中央即开始筹备建立新疆军区生产建设兵团，1954 年建成正规化的兵团国营农场，其后其他边疆地区如广西、云南、内蒙古、黑龙江、西藏也都陆续建立了生产建设兵团（或生产建设师）。兵团在维护边疆社会稳定、建设和保卫边疆、维护国家统一和安全方面发挥了重要的作用。但是，"文化大革命"期间兵团生产遭到了严重破坏，1975 年，中央决定撤销新疆建设兵团，以后其他地区生产建设兵团（建设师）也陆续进行了改制。1981 年，由于形势发展的需要，新疆生产建设兵团得以恢复。新疆生产建设兵团有一套自己的管理体制和系统，与地方的管理体制和系统不同，在改革开放的形势下，新疆生产建设兵团的经济社会发展状况如何，基层连队的生产生活状况如何，其与地方基层村落的关系如何，也是我们必须关注的问题。

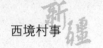

第五，新疆自然条件相对恶劣。新疆是典型的干旱气候区，降水稀少，导致新疆的地表资源非常有限。在新疆的地表资源中，60%是荒漠化土地（全国荒漠化土地面积332.7万平方公里），耕地面积为4万平方公里，仅占新疆土地面积的2.5%；可用草地面积为47.09万平方公里，占新疆土地面积的28%；森林覆盖率为2.1%，居全国倒数第二位（全国平均覆盖率为16.55%）；总水量为691.3亿立方米，属于严重缺水的地区；适合人类居住的面积为14.76万平方公里，占新疆土地面积的8.89%，而新疆总人口为2010万人（2005年）。在地表资源如此贫乏的土地上发展农牧渔业，养活如此多的人，实属不易。在近30年的发展过程中，新疆与东部沿海地区及内地经济发展差距日益增大，尤其是南疆维吾尔族聚居的农村贫困问题还十分严重。如何克服地表资源的不足，发展农林牧渔业，缩小与全国其他地区的差别，搞好扶贫开发工作，也是我们调查工作不能回避的问题。

另外，新疆宗教状况复杂，有些地区民族关系较为复杂，"东突"分裂势力一直没有放弃分裂的企图，"三股势力"与国际恐怖势力关系甚密，近年来贩毒、艾滋病问题较为严重，这些都是新疆比较特殊的地方，也是新疆备受国际、国内关注的原因。因此，在新疆进行全面调研，任务十分艰巨。

以上是新疆何以成为这项大型调查工作重点的原因，实际上，这些原因就是新疆的基本特点，也是我们安排布置22个调查点的基本出发点。我们正是根据这些基本特点来梳理这次调查的基本思路，力图将这些基本特点反映在

本次调查工作之中。当然，选择调查点还要考虑以下三个
因素：（1）在本地区的社会稳定与经济发展中具有典型意
义的基层乡村；（2）存在边疆现实政治、经济、社会发展
热点、难点问题的基层乡村；（3）能与20世纪50年代全
国边疆民族调查有一定衔接的基层乡村。

二　新疆22个调查点（村）的具体安排情况

按照丛书编委会的要求，选择调查点以基层乡村为基
点，原则上一个县选择2个乡，一个乡选择2个村。新疆共
有22个村，总体上应选择11个乡。我们在充分调研的基础
上，按南疆、北疆、东疆三大区域分配，将这11个乡安排
在5地州、6县之中。具体安排如下。

南疆地区：

1. 和田地区墨玉县

（1）扎瓦乡：①夏合勒克村（20世纪50年代初、80
年代、90年代进行过调查）；②依格斯艾日克村。

（2）喀尔赛乡（与47团相邻）：①阿塔村；②喀尔墩村。

2. 阿克苏地区库车县

（1）比西巴格乡（20世纪50年代进行过调查）：①格达
库勒村（民汉混居村，2005年进行过调查）；②科克提坎村
（扶贫重点村，20世纪50年代中期、2005年进行过调查）。

（2）牙哈乡（距塔里木油田较近）：①守努提一村；②阿
合布亚村。

3. 乌什县

牙满苏柯尔克孜民族乡：尤卡特村（与吉尔吉斯斯坦
共和国相邻）。

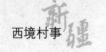

北疆地区：

4. 伊犁地区霍城县

（1）清水河镇（20世纪50年代进行过调查，粮食生产为主，汉、回、维吾尔族为主）：①二宫村；②西卡子村。

（2）三宫回族乡（回、东乡族为主）：①上三宫村；②下三宫村。

（3）新疆生产建设兵团农四师61团农二连。

5. 阿勒泰地区布尔津县

（1）杜来提乡（1972年进行过调查，属"2817"工程区域，农牧业结合）：①哈拉塔尔村；②阿合达木村。

（2）冲乎尔乡（哈萨克、蒙古、汉、东乡等多民族聚居）：①奇巴尔托布勒克村；②布拉乃村。

东疆地区：

6. 哈密地区巴里坤哈萨克自治县

（1）石人子乡：①石人子村（汉，农业为主）；②韩家庄子村（汉、蒙古、哈萨克族为主，牧业为主）。

（2）沙尔乔克乡：苏吉东村。

（3）花园乡：花园子村（农业为主）。

下面有必要说明我们选择这6个县的主要理由。

（1）墨玉县、库车县、霍城县、巴里坤哈萨克自治县这4个县20世纪50年代皆曾做过调查；而布尔津县、乌什县，以及霍城县、巴里坤县这4个县又均为边境县。

（2）南疆的墨玉县和库车县，均以维吾尔族为主，分别代表着传统农业经济占主导地位和现代工业迅速发展的两种类型，目前又都是社会局势较为复杂的区域。

（3）北疆的霍城县是原伊犁地区的大县，邻近边境，霍尔果斯口岸即在该县，多民族人口杂居，社会局势相对复杂。近年由江苏无锡市一批援疆干部担任县的主要领导，成为东西部协调发展的一个典型。北疆的布尔津县在20世纪80年代末实施了由联合国粮食计划署资助的"2817"项目，1000多户牧民因此定居。追踪调查该县牧民定居后的生活状况及经济发展情况，探讨牧民发展之路，很有必要。

（4）东疆的巴里坤哈萨克自治县，亦为多民族聚居区，汉族文化影响较大，在东疆有一定的代表性。

（5）新疆社会科学院的研究人员对这6个县均进行过多次不同主题的调查，情况较为熟悉。

从上述安排我们也可以看到，这6县中的11乡、22村（点）也同样具有各自的特点和典型意义，这里有南疆维吾尔族农业村、北疆哈萨克族为主牧业村、多民族和谐聚居村、石油工业带动发展村、旅游业促进发展村、特色产业发展村、边境贸易民族村、边境生产建设兵团连队、兵地密切互助村，南疆扶贫开发村、联合国项目资助新建村，等等，这些村（点）可以从不同侧面，集中反映新疆农牧区的基本情况和主要问题。

三　新疆课题组构成及调查方法与进展状况

本项目新疆方面的课题主持人是新疆社会科学院的马品彦研究员、中国边疆史地研究中心的李方研究员和许建英副研究员。课题主持人主要负责课题设计的指导规划、调查工作的组织实施、调查报告的内容审查，以及出版工作的组织协调等工作。

课题组成员主要由新疆社会科学院的研究人员和新疆

大学的教师组成。课题组共分5个调查小组,其中新疆社会科学院有4个调查小组,新疆大学有1个调查小组。每个调查小组各有4～5名调查员,其中少数民族、汉族成员若干。调查组成员的要求是:(1)有田野调查的经验;(2)工作负责,吃苦耐劳,有协作意识;(3)能够独立完成村级报告的写作。每个调查小组有组长一人,全面负责调查小组的具体工作。调查小组组长是本次调查工作的关键人物。

各调查小组的具体分工是:孟楠教授负责南疆和田地区墨玉县;王磊组长负责南疆阿克苏地区库车县、乌什县;李晓霞组长负责北疆伊犁地区霍城县;石岚组长负责北疆阿勒泰地区布尔津县;苏成组长负责东疆巴里坤哈萨克自治县。

我们这次调查工作主要采取的是社会学、人类学、民族学的基层调查方法,通过入户访谈、问卷调查、会议座谈,收集县乡村各级政府、自治组织的文献材料,拍摄各种图像资料,以专访、专题调研为"切入点",在一般性问卷和统计资料收集的基础上,注重对基层干部、群众典型、教师、宗教人士等特定人员的专题访谈,倾听和收集他们对基层社会稳定与经济发展的看法、意见和建议,在此基础上形成能说明问题的专访或专题调研报告。同时,将一般共性调查与专题专访调查结合起来,进行全面深入的分析研究。

具体工作可分为四个阶段。

第一阶段:前期准备工作。(1)按照丛书编委会提供的样板和要求,设计调查方案、调查问卷及访谈提纲,组织调查小组组长在巴里坤县一个点进行试调查,在此基础上修改调查方案；（2）将调查问卷、访谈提纲分别翻译成维吾尔文、哈萨克文；（3）调查成员研读所负责县乡的现有相关资料；（4）培训所有调查人员，内容包括调查方案的解析、调查方法及注意事项、访谈提纲和调查问卷的详细说明，试填调查问卷，分配各调查组成员的调查写作任务；（5）与调查县联系调查事宜；等等。

第二阶段：各小组分别下县乡村实地调查，在县、乡召开座谈会，入村入户进行访谈，收集文字资料，拍摄图像，对调查点及所在县乡形成初步认识。

第三阶段：整理、分析、研究收集到的材料和数据，深化对调查点的认识，撰写调查报告。

第四阶段：按照新疆分卷主持人和丛书编委会的要求，补充材料，修改、完善调查报告。

四 本次基层调查活动的评估和预期

"当代中国边疆·民族地区典型百村调查"是中国首次以"边疆基层村落"为主题进行的大型调查活动，这项调查活动在新疆也是仅见的，因此，无论从学术价值，还是从现实价值而言，这项调查工作的意义都是重大的。这里我们有必要回顾一下中华人民共和国成立以来在新疆开展的各次调查活动，在比较中明确本次调查活动的意义。

中华人民共和国成立后，国家对新疆少数民族的调查研究非常重视。从1952年起，国家曾组织众多专家学者在新疆进行大规模的社会历史调查。路径是先调查各少数民族的社会生产力、社会所有制和阶级情况，然后搜集历史发展资料和风俗习惯，进而对各民族历史做系统研究。这

次对少数民族社会历史的调查参与人数之多、调查地域之
广、撰写资料之丰富，都是前所未有的。调查人员不辞辛
苦地做了大量调查笔记，搜集了各种文献资料。根据这次
调查和文献研究，出版了"民族问题五种丛书"及大量的
调查报告。调查报告主要收集于《新疆农村社会》（上、下
册）、《新疆牧区社会》两本文集中，从而为新疆开展民族
识别，推行民族区域自治制度，推动民主改革和社会主义
改造，制定各项民族政策，发展少数民族地区的经济文化
和各项事业，加强民族研究工作，提供了科学的依据和丰
富的材料。但是，这次调查以少数民族为重点，不是以边
疆基层为主题。另外，规定要为政治服务，许多值得调查
的问题如传统文化等，都不同程度地被忽视了，这是这次
调查活动的主要不足。

此后对于新疆基层社会的调查研究时断时续，覆盖区
域或涉及内容均十分有限。如1972年新疆民族研究所对阿
勒泰地区的阿勒泰市、哈巴河县、布尔津县进行牧区社会
调查，发表了《解放前阿勒泰哈萨克牧区社会》调查报告；
20世纪80年代后期新疆社会科学院与新疆大学在南疆莎车
县和墨玉县进行"新疆开发与民族问题研究"课题的调查，
出版了《南疆脱贫问题社会学调查》；20世纪80年代末在
库车县进行国情调查，出版了《国情丛书·库车卷》；20世
纪90年代中国社会科学院民族研究所组织"中国少数民族
现状与发展调查"，出版了《富蕴县·哈萨克族卷》、《墨玉
县·维吾尔族卷》；2002年云南大学组织研究人员分别对新
疆维吾尔、哈萨克、柯尔克孜、塔吉克、乌孜别克、塔塔
尔、俄罗斯7个少数民族较为集中的村寨进行选点调查，出

版了《中国民族村寨调查丛书》7 本；2005～2006 年新疆
社会科学院民族研究所对库车县、察布查尔锡伯自治县进
行调查；等等。这些调查仍然以少数民族为主要调查对象，
或就某一专题而设计，或着眼于某一局部地区，对于边疆
问题基本未涉及或涉及得较少。国外更无有关边疆的调查
和相关研究。

中华人民共和国成立尤其是改革开放以来，新疆发生
了巨大的变化，同时出现了不少新的现象和新的问题，在
这样的情况下，全面、深入调查研究新疆基层地区情况和
新疆出现的新现象、新问题，就成为边疆工作者义不容辞
的责任。中国边疆史地研究中心作为国家级专门研究边疆
的学术机构，以高度的社会责任感和敏锐的职业嗅觉，认
识到边疆基层调研的重要性和迫切性，从而设计了这个大
型课题。生活、工作在新疆的边疆工作者对这个课题当然
也十分感兴趣，从而有了这一次的合作。本课题的实施，
预期将对党和政府制定相关政策，国人探讨新疆基层发展
道路，学者研究边疆社会、经济、民族、文化等问题，发
挥重要的作用。

这次调查工作总体来说是比较圆满的。这是因为，虽
然每位调查工作者了解的情况有多有少，认识的程度有深
有浅，理论水平有高有低，表达能力有强有弱，但是，参
与这项工作的每位同志都是以认真负责的态度对待这项工
作的，这就为这项工作的圆满完成打下了坚实的基础。此
其一。中国边疆史地研究中心在设计调研提纲时，对调查
的内容做了较为详细的规定，举凡乡村概况、基层组织、
经济发展、社会生活、民族、宗教、文教卫生、民俗风情

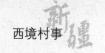
都规定有专门章节论述（也允许有地方特色的章节），并规定必须到当地获取第一手资料，以亲眼所见和调查问卷、座谈访谈等方式，结合文献书面材料，综合分析研究，以保证内容的完整性、信息的可靠性和结论的可信性。此其二。在选择调查点和前期准备工作及人员安排方面，新疆课题组都做了精心的安排，以确保调查点具有典型性，调查撰写工作具有实效性，从而以点带面，较全面地反映新疆村落经济社会发展的基本状况。此其三。如前所述，此前尚无从"边疆基层"这个角度进行调查的活动，因此，这次调查工作具有开创性的意义。从开创性这个层面来看，这个工作无论如何都是有贡献的。此其四。当然，由于新疆地域广大，路途遥远，我们下去调查工作的次数不多，下到基层的时间亦不长，对基层的认识或许有所不足；且由于参加调查撰写的作者众多，水平不一，成果质量参差不齐，甚至可能出现一些错讹。在此，作为丛书新疆卷的主编，我们代表相关作者表示歉意，并恳请广大读者和专家批评指正。

这次调查的一本本调查报告，就像一个个坐标，将把新疆基层村落发展的状况定格在瞬息万变的历史发展阶段之中，留下永恒的记忆；又像一把把钥匙，将把新疆基层村落的发展引向无穷无尽的未来，成为新的历史阶段的新起点。这是我们对这次调查活动的评估，也是我们对这次调查工作效果的预期。确实与否，有待读者的评价。

马品彦　李　方

2009 年 8 月 22 日

第一章　概述

　　伊犁哈萨克自治州位于新疆维吾尔自治区的西部，西北与哈萨克斯坦相邻，东北与俄罗斯、蒙古国接壤，该州成立于1954年，下辖塔城、阿勒泰两个地区和10个直属县市，是全国唯一的既辖地区又辖县市的自治州。此外，辖区内还有新疆生产建设兵团农业第四、七、八、九、十师，这5个师自成立以来，一直承担着伊犁哈萨克自治州屯垦戍边的职责，同时在自己所辖的垦区内实行农垦。

　　该州总面积35万平方公里，人口420万人，有哈萨克、汉、维吾尔、回、蒙古、锡伯等民族成分，其中哈萨克族占25.5%，汉族占45.2%，维吾尔族占15.9%，回族占8.3%，蒙古族占1.69%，锡伯族占0.83%。由于优美的自然环境，伊犁有"塞外江南"、"中亚湿岛"、"瀚海绿洲"的美称，又是历史上著名的"天马的故乡"，"花城"伊宁市是伊犁哈萨克自治州的首府。该州地缘优势突出，在长达2000多公里的边境线上，有霍尔果斯、巴克图、吉木乃等8个国家一类口岸。

　　霍城县隶属于伊犁哈萨克自治州，位于该州西部，天山西段，伊犁河谷西北。南与察布查尔锡伯自治县相接，西邻哈萨克斯坦，东与伊宁市、伊宁县相邻，北与博乐市、

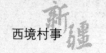
温泉县相连，总面积 5720 平方公里，耕地面积 48.47 万亩，人口 36.8 万，聚居着汉、维吾尔、回、哈萨克等民族，少数民族占 54%。全县辖 13 个乡、镇（中心）和 1 个自治区级开发区——清水河经济技术开发区，境内有新疆生产建设兵团农四师所属的 6 个团场，霍城县是伊犁哈萨克自治州直属的最大的县。

著名的霍尔果斯口岸就在霍城县境内，霍尔果斯口岸是中哈两国开放的一级通商口岸，距哈国最大的城市阿拉木图 350 公里，是 312 国道最西终端。2005 年 7 月 4 日，中国国家主席胡锦涛和哈萨克斯坦总统纳扎尔巴耶夫在阿斯塔纳签署了《中华人民共和国和哈萨克斯坦共和国关于建立和发展战略伙伴关系的联合声明》，世界上第一个跨国边境合作项目——中哈霍尔果斯国际边境合作中心——中哈边境经济合作区正在建设中。美丽的果子沟和赛里木湖也在其境内。果子沟自古以来是通往中亚、欧亚丝绸之路的北道咽喉，有"铁关"之称，它纵贯北天山，全长 36 公里，是伊犁的天然门户。民国财政大臣谢彬更以"山水之奇，胜于桂林；崖石之怪，比于雁岩"来比喻果子沟的奇丽。果子沟旁边的赛里木湖被清代著名诗人洪亮吉赞为"西来之异境，世外之灵壤"，是该州一处有代表性的旅游胜地。

我们所选择的调查点——二宫村就隶属于伊犁哈萨克自治州霍城县清水河镇，整个村庄占地面积 15000 亩，村民3585 人，由维吾尔族、汉族、回族、哈萨克族等民族组成，是一个典型的多民族村落。

第一节 自然环境

伊犁河谷被天山山脉西端的分支所包围，天山山脉主脉在这里分为南、北两支向西延伸环绕该河谷，形成了北、东、南三面环，谷地开口阔西的态势，呈现出明显的楔形地形地貌。南支南天山自东至西依序为那拉提山—贴涸尔斯克他乌山—哈尔克他乌山，海拔 3600 ~ 7000 米，其西端耸立着著名的汗腾格里峰（海拔 6995 米）和托木尔峰（海拔 7444 米）。北支北天山依序为依连哈尔比尕山—婆罗科努山—科古琴山—察汗乌孙山—别珍套山，海拔 2700 ~ 5300 米。河谷中还派生出两座东西走向、互相平行的低矮山脉，即一支由本区东端向西插入的阿吾拉勒山，海拔 2050 ~ 4084 米，这样将伊犁河谷地东部又分隔成南侧的巩乃斯河谷地和北侧的喀什河谷地；另一支由河谷东端的巩乃斯河南侧向西插入依序连接的贴木里克山—阿拉喀尔山—依什格里克山，海拔 3713 ~ 4400 米。该山延伸入哈萨克斯坦共和国境内，将伊犁河谷地分隔成南侧的东部特克斯河谷地和西部昭苏盆地，北侧的东部巩乃斯河谷地和西部伊犁河谷地。区域内部的山系分隔，从而造就出"两山之间有条河，两河之间夹道山"的自然景观。其中：喀什河谷地、巩乃斯河谷地、伊犁河谷地的地势为东高西低，昭苏盆地、特克斯河谷地是自西南向东北方向倾斜。巩乃斯河与特克斯河在巩留喇嘛昭汇集形成伊犁河，伊犁河行至巩留雅马渡从其北侧接纳喀什河，在国内流程 200 余公里后注入哈萨克斯坦共和国的巴尔喀什湖，伊犁河既是一条国际河流，同时也是新疆最大的一条内陆河。

　　这条最大的内陆河给予了伊犁河谷这片土地无限的生机，整个伊犁河流域面积约 57 万平方公里，在新疆境内，流域面积只有 14 万平方公里，中下游在哈萨克斯坦境内，其中大约有 3/4 的水量流入该国。由于新疆维吾尔自治区河流密度不大，所以，伊犁河一条河的径流量约占全疆河流径流量的 1/5，其径流量位于新疆众河之首。正由于有了这条河，才使得伊犁河谷土地肥沃，土地后备资源、水资源、电力资源等比较丰富，丰富的资源优势和地缘优势让这块河谷地带跻身于《全国土地开发整理规划》之列。2001 年，国务院将伊犁河谷肥沃的土地开发整理工程列入全国六大重点开发区域、七大土地开发整理重大工程之一。

　　山脉造就成向西开敞的喇叭形谷地，可以大量接受来自大西洋的湿润水汽。这使得伊犁河谷成为亚欧大陆干旱地带的一块"湿岛"，土地肥沃，水源充足，气候湿润，草原辽阔，物产丰富，享有"塞外江南"、"苹果之乡"以及"天马故乡"之美誉。伊犁河谷也是新疆旅游资源富集区之一，阳光、水域、沙滩、绿色、空气五大要素，在地处亚欧大陆中心的伊犁地区一样不缺，"不到新疆不知中国之大，不到伊犁不知新疆之美"，这句话对于伊犁河谷的美丽景色所作的评价一点也不为过。

　　霍城是"霍尔果斯"的简称，霍尔果斯系蒙古语"粪蛋"，"因多牲畜粪蛋，故名"，有"驼粪成堆之处"之意（有人引申为"畜牧地"解）①。从"粪蛋"多，"驼粪成堆之处"这些记载中看出，这里在历史上就是水草丰美的地方。该县地势北高南低，西北和东北分别是别珍套山和科

---

① 《霍城县志》编纂委员会编《霍城县志》，新疆人民出版社，1998。

古琴山，中部是黄土丘陵，南部是伊犁河冲积平原，西南部为沙漠区。

　　该县属温带亚干旱气候，年均气温 9.1℃，年均降水量 219 毫米。由于有伊犁河、霍尔果斯河等水系用以灌溉，以种植小麦、玉米为主，粮果并重，牛羊兼盛，同时甜菜、棉花、烤烟产量也相当丰盛，境内沿天山有一条近百万亩的逆温带，给发展果园带来了非常好的条件，"糖心"苹果，吊死干①是其水果中的特色代表。县城境内煤、磷、铁、金、银、铜、石灰石、冰洲石、大理石、矿泉水等资源丰富。霍城是伊犁贝母的重要产地，其他价值高的植物还有甘草、党参、赤芍、苍耳等 200 多种。野生动物有鹿、黄羊、豹、旱獭、水獭、雪鸡等，特别是四爪陆龟，这是亚欧干旱区唯一现存的珍稀动物，我国只有霍城县有，当地人叫旱龟，维吾尔语叫"塔西帕克"。四爪陆龟是高级营养品，龟板、龟肉、龟骨均可入药，能治多种病症，具有很高药用价值。据当地人讲，20 世纪 60 年代，这一物种遭受大量捕杀的厄运，当时一人日可捕捉 50～60 只，后来随着草场退化速度的加快以及人类的捕杀，其数量剧减。1983年"霍城四爪陆龟自然保护区"成立，对这一濒危物种予以保护。

第二节　历史概述

　　伊犁之名最早见于《汉书》，得名于伊犁河，有光明显

---

　　①　"吊死干"，一种杏干。维吾尔族有制作杏干的传统，在霍城县这种杏干非人工制作，杏子成熟以后，不用采摘，风干以后，从树上直接采摘杏干成品，无须加工，被当地人形象地称为"吊死干"。

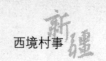
达的意思，历史上又称伊列、伊丽、伊里等名，清乾隆年间定名为伊犁。古代的伊犁，泛指伊犁河流域以及巴尔喀什湖以东、以南的广大地区。伊犁河穿越霍城县境西去，距二宫村不远，可以说，这块土地的历史就是伊犁河所赋予的。文明的肇始和文化繁荣与河流密切相关，这已经被大多的史料所证实。在这一带，正是由于有了奔腾不息的伊犁河，而这条河流孕育了伊犁河谷的古代文明，所以，这里出现人类活动的遗迹较早，同时由于地处东西文化的交汇地带，文化、文明的冲突频繁发生。史载：自公元前3世纪以来，塞人，乌孙人，突厥人，回鹘人，契丹人和向欧洲进军的蒙古人均在这一带留下了自己的脚印。

清代洪亮吉、祁韵士、林则徐、邓廷桢、徐松等著名谪士们都曾在此地留下谪居，林则徐在惠远虽然只有两年时间，但其日记、诗抄、书信留传比较多，因此伊犁虽远离中土，但文化底蕴不浅。

中华人民共和国成立以后，在这一带组织的考古发掘过程中，出土了大量的陶器、石器、铜器、银器、铁器和珠宝，还有各个时代的钱币，同时也出土了大批精美皇家瓷器和瓷器碎片。1957年古城遗址首次进行挖掘，出土了阿拉伯文字的钱币，叙利亚文十字架纹的石碑①。

2008年5月14日新疆电视台《丝路新发现》栏目播放探秘阿力麻里（二）中，蔡所长（霍城县文管所所长）谈到当年发现和收集瓷器时说：

---

① 据意大利人巴托罗谋在14世纪末叶著的《圣徒传》记载，西班牙传教士巴斯喀尔受命前往察合台汗国阿力麻里城宣道被杀，三枚石刻上，均刻有叙利亚文字。由于石刻上文字未能译出，尚不能证明巴斯喀尔到过该城，但可以确信城中在14世纪中叶有基督徒传教的事实。

在就餐当中，发现（新疆生产建设兵团）连队职工食堂里面盛菜的盘子是元代时期的龙泉瓷，都是特别珍贵的瓷器。我们当时很兴奋，就问这盘子是哪里来的，还有多少个，当时的管理员说大概有十几个吧。在得知有这么多以后，我们赶快对这些瓷器进行了收集，收集到一些，但是据管理员说有些已经找不到了，最后收集到了13件。后来我们把这些瓷器带回了博物馆进行馆藏。

节目在展示了许多精美的瓷器图片之后，所长继续说：

继13件龙泉瓷盘之后，霍城县61团又陆续发现一些龙泉瓷器，这个（画面中他指着一件藏品）精美的龙泉瓷器在被发现时，一个老乡正端着它蹲在自家门口吃面。这些价值连城的龙泉瓷竟然被当做普通瓷器来使用，这听起来让人觉得有些不可思议，但仔细想来也很正常，由于缺乏文物知识，这些瓷器在普通百姓的眼中可不就只是用来盛饭的器物吗？

从这些价值不菲的瓷器散落的情形，我们就可以想象到伊犁河谷当时商贸的繁华，经济的繁荣。

霍城县恰好就在伊犁河谷的中心，古代丝绸之路的北线，就从这里经过，作为丝绸之路北路重镇，在历史上，有两个时段为当世及后世人所瞩目。

其一是元帝国建立以后，成吉思汗将这里分给次子察合台，察合台建立汗国，将阿力麻里（霍城县境内，距县城10.7公里，现为新疆生产建设兵团农四师61团场的团部驻地）定为首都。在整个元代，这里经济发达、文化繁荣、

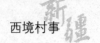

商贸频繁,因此,如今的霍城县在古代,一直承担着中亚政治、文化、经济中心和东西交通枢纽的任务,其后察合台汗国分分合合。后来成吉思汗的八世孙吐虎鲁克·铁木儿汗,用武力使东西察合台汗国统一起来,由于首都阿力麻里地处东西商贸要道,繁华一时,被世人誉为"中亚乐园",是当时中亚地区政治经济文化的中心。

在吐虎鲁克·铁木儿汗用武力统一东西察合台汗国之后,他又做了一件对后世影响巨大的事,1348年在扎马剌丁长老的说服下信奉了伊斯兰教,长大以后,这位蒙古汗王强迫所属16万蒙古部众皈依伊斯兰教[1]。这是新疆伊斯兰教发展史上极具影响力的事件,此后,在圣战的号召下伊斯兰教在北疆迅速扩展,这期间,无数被撕得粉碎的古代文献浸泡在被屠杀的僧人的血泊中,佛教和其他宗教很快地在北疆地面上消失了,汉唐以来香火旺盛的佛教寺庙被焚毁,精美的壁画被涂鸦,佛教逐渐淡出了历史视野。据史料记载:佛教的僧侣和众多的善男信女在这一决定前只有两条选择,要么改信伊斯兰教,要么就去死[2]。其实,除了有着虔诚信仰的部分佛教高僧大德,捧一颗敬佛之心,坚定信念执意涅槃以外,众多的老百姓在强权驱使下,顺从这一政策可能是他们的首选,源于这位蒙古汗王的这一决定,伊斯兰教在新疆获得了广阔的发展空间。1363年,年仅33岁的吐虎鲁克·铁木儿汗在远征中亚的回师途中不幸病逝于新疆喀什,这位汗王的妻子为汗王在阿力麻里建

① 陈慧生:《中国新疆地区伊斯兰教史》,新疆人民出版社,2000,第212页。
② 陈慧生:《中国新疆地区伊斯兰教史》,新疆人民出版社,2000,第212页。

造了具有伊斯兰建筑风格的陵墓，远处看到整座陵墓墙体
以蓝色彩釉为基色，配上白、褐两种颜色的彩釉，搭配成
几何图案，整座建筑虽然斑驳，但在阳光下依然壮美。

第二个有影响的时期是从清中期开始的，乾隆二十七
年（1762）十月，乾隆帝平定了北疆准噶尔和南疆大小和
卓叛乱后，在伊犁设置了"总统伊犁等处将军"（简称伊犁
将军），作为清廷派驻新疆的最高军政长官，统辖天山南北
各路驻防官兵及归附清朝的中亚哈萨克、布鲁特等部，兼
管行政事务。清廷正式任命明瑞为第一任总统伊犁等处将
军，以伊犁为首府，驻节惠远城（距霍城县西 5 公里处，
距二宫村 6 公里）。

关于伊犁将军职掌，当时规定："凡乌鲁木齐、巴里坤
所有满洲、索伦、察哈尔、绿旗官兵，应听将军总统调遣，
至各回部，与伊犁相通，自叶尔羌、喀什噶尔至哈密等处
驻扎官兵，亦归将军兼管，其地方事务，仍令各处驻扎大
臣照旧办理。"[①] 后又规定："总统伊犁等处将军一员……节
制南北两路，统辖外夷部落，操阅营伍，广辟屯田。"[②] 这
样，伊犁将军成为清朝官方在新疆的最高军事、行政长官，
受权总揽全疆军政事务。伊犁将军之下，设都统、参赞大
臣、办事大臣、领队大臣等职，分驻南北疆各城管理当地
军政事务，并从全国各地抽调满蒙八旗及绿营兵在全疆分
布驻防。也就是说，在清前期，现在的霍城县是新疆政治、
经济和文化的中心。

清政府于 1762 年筑绥定城，1764 年建成惠远城，作

① 《清实录》第 17 册《高宗实录》卷 678。
② 徐松：《新疆识略》（卷 2）。

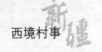

为伊犁将军衙署，后来，以惠远城为中心，又建立了广仁、瞻德（今霍城县清水河镇）、贡宸、塔勒奇、宁远、惠宁、西春等城，这就是著名的"伊犁九城"。于是惠远城（霍城县）成为中国西北边疆的重要门户，随后，近现代中国西北边疆的一系列重大事件大多发生在这里，一系列不平等的条约都和伊犁将军府有关。同治年间，沙俄侵略军以"代收代守"为名，曾经完全侵占了伊犁九城，经过多次外交交涉最终归还。1883年（光绪九年），新疆建省，新疆的政治中心也移到迪化（今乌鲁木齐），惠远城终为边城，伊犁河谷也逐渐远离新疆政治、经济中心。

虽为边城，但并未退出历史视野，1911年辛亥革命在全国爆发，1912年1月7日，以伊犁陆军协统杨缵绪为首的革命党人在驻地惠远城发动起义，占领将军府所在地——惠远城，枪决伊犁将军志锐，组织汉、满、蒙、回、藏"五族共进会"，成立伊犁临时政府。接着派出革命军继续东征，迫使新疆巡抚袁大化宣布实行共和体制，从而结束了清朝在新疆的专制统治，这一事件也促使杨增新上台。1944年11月，被毛泽东誉为"中国新民主主义革命的一部分"的三区革命就在这一带爆发。

由于处于中俄边境线附近，新疆的近代工业也先产生于惠远城，电报、电话、电灯、照相、汽车的引进，对全疆的现代工业文明进程产生了极大的影响。

民国初期，谢彬在《新疆游记》中称惠远新城为"文酒风流，盛极一时，有小北京之目"，可见当时的惠远城之繁华。而我们的调查点二宫村距离惠远城6公里，虽没有成文的记载，但可以想象惠远城经历的风雨也一定洗礼了这片土地。

第三节　清水河镇

调查地二宫村隶属于清水河镇政府，清水河镇在历史上叫瞻德城，建于乾隆四十五年，也就是1780年，作为伊犁将军府的卫城是伊犁九城之一，已有200多年的历史，绿营驻扎该城，以护卫伊犁将军府。

据《西域水道记》记载："瞻德城者，地曰察罕乌苏。乾隆二十五年阿公桂疏定伊犁建置事宜云，伊犁田地肥沃，无过察罕乌苏，可建一小城。至四十五年，伊公勒图始建。城高一丈三尺，周三里六分，门三；东升赢，西履平，南延景。屯镇右营驻之。东距广仁城二十余里。""伊犁绿营携眷官兵（右营）驻该城，营内设都司一，守备一，千总二，把总四，经制外委六，额外外委六，马步兵各三百人，与广仁城同属绿营驻地重镇。""察罕乌苏"是准噶尔语"白水或者清水"之意，所以当地人称为清水河子；一种说法是由于城东清澈的泉水而改名为清水河。

1952年清水河土改并成立互助会，1954年建立高级社，1959年成立清水河人民公社，1984年11月成立清水河镇，隶属于霍城县政府，总面积366平方公里，总人口5.7万。清水镇由于其人口数量，被誉为新疆第一大镇，现下辖5个行政村，10个自然村，共有农牧民5796户，27838人。全镇共有18个民族，其中汉族占54%，回族占17%，维吾尔族占9.8%，哈萨克族占1.5%，其他民族占17.7%，是一个多民族镇。

该镇属于典型的大陆性气候，冬季漫长，春季温和湿润，夏季炎热干燥，秋季天高气爽，流经该镇的伊犁河各

图 1-1　清水河镇政府

支流给土地带来了丰沛的灌溉水源。

　　清水河镇有着重要的交通和商业地位，其西距离霍尔果斯口岸只有 28 公里，距伊犁州首府伊宁市 60 公里，清水河镇的交通极为发达，312 国道和 218 国道交会于镇中心，精伊霍（精河县、伊宁市和霍尔果斯口岸）铁路通车，也从该镇穿过，在此之前，清水河镇是越果子沟入伊犁河谷八县一市的咽喉通道。由于该镇毗邻着资源丰富、市场广阔的中亚五国，是我国实施向西开放，拓展亚欧新兴市场的对外贸易重要加工基地，是新疆重要的农副产品集散中心和商贸物流集散地。

　　清水河镇虽然是霍城县 22 乡镇之一，但由于有这样的优势，其人口稠密，在霍城县经济发展中有着举足轻重的地位。据镇上的干部讲，以前就有将霍城县迁移到清水河镇的动议，由于种种原因，最终搁浅了，霍城县一直有"政治中心在水定镇（霍城县政府所在地），经济中心在清水河镇"这一说法。当镇干部谈起这些事时，无形中透露出一种作为清水人的自豪感。

清水河镇是新疆唯一的全国科技示范镇,是新疆五大重点镇之一,也是全国小城镇示范镇和自治区重点小城镇之一,在政府所在地的大门上,挂着"霍城县清水经济开发区(镇)"的牌子,从字面意思上来看似乎区、镇是统一的,经济开发区和镇党委是一套人马,两块牌子。开发区的主任由镇党委书记兼任,镇长兼开发区副主任,有两位副主任由江苏援疆干部担任,四位副镇长中有一位是维吾尔族人。

经过这些年的发展,清水河镇已经成为全县的商业贸易中心,伊犁州农副产品和小商品批发零售的中心和最大的农副产品集散地。自从建成清水河经济技术开发区以来,通信、文化、医疗、卫生、城镇基础建设方面初具规模。目前开发区已经建成年组装能力 50 万台的电子产品组装厂,番茄、辣子酱年加工能力达到了 3 万吨,中密度纤维板加工厂每年可加工 2.5 万立方米的纤维板,其他经济指标均有较大幅度的增加。

在清水河镇的经济社会发展中,对口援疆干部作为一支重要力量发挥了重要的作用。对口援疆政策是 20 世纪 90 年代中期开始的,1996 年中央下发了《中共中央关于新疆稳定的会议纪要》,做出了"培养和调配一大批热爱新疆,能够坚持党的基本理论、基本路线和基本方针,正确执行党的民族宗教政策的汉族干部去新疆工作"的决策部署。

2003 年,中组部确定新疆的 5 个县市为援疆干部担任县市委书记的试点县,霍城县名列其中,这使得援疆干部由原来的"配合当地政府工作"变为领导当地政府部门发展地方经济的主要负责人。正因为有了这一政策,仅仅 6 年,霍城县的整个发展速度上了一个新的台阶,江苏援疆干部的到来，不仅给霍城县带来了大量的资金，而且带来了发展经济的超前意识，清水河镇经济开发区的副主任就有两位是江苏援疆干部。

图1－2　清水河镇经济技术开发区规划

当地的各民族干部群众对江苏援疆干部的评价是：位置正，既不缺位，也不越位，要求当地干部做到的，援疆干部首先做到，政治上坚定，工作出色，作风优良，能同甘共苦不特殊，最重要的是眼光长远。对于正处于大变革、大发展时代的新疆各级政府而言，行政官员放眼世界、与时俱进、创新治理理念，对于加快新疆现代化进程，将新疆建成一个经济繁荣、社会进步、生活安定、民族团结，实现全面建设小康社会的现代化目标，具有极为重要的现实意义①。

由于清水河镇地处霍尔果斯口岸与重镇伊宁市之间，

① 中共新疆维吾尔自治区委员会政策研究室：《霍城江苏援疆干部发挥"三个作用"》，《决策通讯》2008年第8期。

312 国道要冲，外向型经济比较明显。江苏援疆资金多渠道引进，投资 3228 万元建成江苏工业园区，再经江苏援疆干部的牵线搭桥，一些国内较为知名的企业开始落户，农夫山泉以当地丰富的番茄原料为基础，建成番茄酱加工基地。台资康泰集团、江南机械、太湖钢构等的入园，使得清水河镇的造血功能进一步加强。其次，薯糖、淀粉、工矿、果子沟旅游业也是投资热点。

镇干部说："清水河镇现在在选择投资企业上也开始有自己的标准，比如耗能高的，污染大的，哪怕是再有潜力，也要三思而后行。"随着环保意识的增强，新发展起来的地区从起步就应该考虑到环境保护的问题，绿洲农业和工业的发展更应该重视，一旦遭到破坏，遭受荒漠的威胁就成了不可避免的事了。

援疆干部的到来为清水河镇带来了新的发展理念，同时解决了该镇在经济发展中的资金缺口，据清水河镇镇干部讲："仅 2006 年就有 3600 万元的投资来到霍城县，而且霍城县的各乡镇与江苏无锡市的一些乡镇以结对子的形式，相互联系，使得许多基层干部有机会去江苏挂职锻炼，主要目的是开阔眼界，效果相当不错。"

由于江苏援疆干部的努力，一些大型项目的落户，使得清水河镇在财政收支方面基本上可以保持平衡的同时，还略有盈余，这几年该镇陆续投入 1000 多万元，解决了镇政府在干河子、上海路、垃圾场等公共设施建设上的资金缺口，极大地改变了清水河镇的公共设施的面貌，其基础设施建设一直走在全疆其他乡镇的前列。

由于苏联的解体，我国西部边境地区出现了一个有利于发展的宽松环境，国家在伊犁州建设的步伐加快，特别

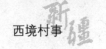

是进入 21 世纪以来，地处边境的清水河镇发展速度更快，1992 年设计的 25 年市政规划，现在已经很不适应，街道下面的管道铺设，渗坑设置，用水、用电等方面使得清水的发展受限极大，成为制约该镇经济发展中一大瓶颈。

主管文化的一位干部时不时将清水河镇的文化建设情况给我们做一介绍："清水河镇在文化建设上的配备比较齐全，远程教育、文化室和电教室都有，只是人员不足，为此霍城县给镇上下达了一个项目，要求建立一个文化中心，按照编制，文化中心应该是 5 个人，但现在只有主任一人，主要原因是镇财政紧张，多一人则多一份工资，在编的 4 人因为镇上还有其他重要的事去做，被临时借调走了，这样镇政府可以减少庞大的开支。由于身兼数职，文化工作又不是重点工作，文化中心的工作几乎没办法开展。"这或许是经济发展过程中，文化该承受的代价。

图 1－3　矗立在清水河镇的霍城县经济开发区投资服务中心

在和镇干部的交流过程中，他们对上一届镇政府遗留的问题也颇有微词，例如：由于上一届镇政府把集中供暖中心承包给了私人，供暖效果较难保证，怨声载道，镇政府为此每年都花大力气去搞，很难见效。镇上的自来水公司由私人承包，按照镇干部的说法，承包商向前一届镇政府承诺，镇政府可以免费使用水浇树。公共服务社会化，似乎清水河镇政府走的步子还算很超前的，只是群众满意程度不是太高。最有意思的是镇上的有线电视台也由私人承包，节目内容以转播为主，通过广告获取利润。镇政府有事要通知全镇居民，可以免费通过电视台通知，有线电视基本通到村里面了。由于这些承包商都有合法的合同，合同没有到期，即便是这一届政府有意见，也没有办法很快地收回承包权。

该镇被誉为新疆第一大镇，不论是从经济实力上，还是从人口以及基础建设上都是名副其实的，其人口比若羌县县城的人口多两倍，许多霍城县的居民在该镇都有房产，由于是一个商品集散地，为了便于管理，现在成立了4个社区居委会，工作基本上还没有开展，但局面基本打开。由于该镇是霍城县流动人口最为集中的地方，因此，全县刑事案件的40%～50%发生在清水河镇，不过整个社会环境基本上是稳定的。

由于该镇是个多民族的边界镇，因此"三股势力"对该镇的民族问题、宗教问题时不时地产生着影响。特别是1997年发生在伊犁的"2·5"事件中，一些群众有意无意地参与其中，这对当地的社会稳定造成了较大的影响。伊犁州和霍城县多次开展打击"三股势力"和非法宗教活动的行动，在农村结合新农村建设成立了社会主义平安建设

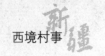

工作队，进驻有关的重点村，二宫村就是其中之一。

第四节　二宫村印象

我们选择的调查点——清水河镇二宫村主要有以下特点：第一，该村是个多民族村，主要有维吾尔族、汉族、哈萨克族、回族、锡伯族、东乡族等，其中维吾尔族比例比较大。第二，该村距离边界只有20公里。第三，二宫村是全县"挂上号的重点村"。之所以是重点村，主要表现在两个方面：其一是该村的一组群体上访事件比较多，由于林业款项及土地补偿等问题，部分群众不仅仅到县上、到州上，甚至到自治区、北京等地上访，由于这个组江苏籍人比较多，大家都叫它上访村或者江苏村。其二，从1997年伊犁"2·5"事件以后，公安部门清查过程中，在该村发现有多人参加极端宗教组织，是"泰比力克"①组织成员，为此一些年轻人留起了大胡子，并要求妻子蒙面②；有人藏匿传播非法宗教书籍，且其中一部分参加者思想比较顽固，驻村干部反复做工作，也无动于衷，因而被霍城县列为重点治理村。因此不论从哪个方面讲，该村理所当然地落入我们调研的视野。

二宫村位于清水河镇正西，相距4公里，有4个村民小

---

① "泰比力克"，私人非法聚集在一起自由讲经组织的称呼，属于地下讲经组织，他们以宣传伊斯兰教为外衣，分散活动，直入居民家中，宣传极端宗教和圣战思想，传完即走，来去不定，给公安机关打击造成了难度。

② 要求教民留大胡子，妇女蒙面这些都是伊斯兰原教旨主义的象征，传统意义上维吾尔族妇女蒙面一般用纱半遮，但"泰比力克"组织要求蒙面的女性蒙住全身。

组，占地面积 15000 亩，耕地 9327 亩，有汉族、维吾尔族、哈萨克族和回族等民族。全村共有 3585 人，其中汉族占 51%，维吾尔族占 43%，回族占 4.7%，哈萨克族占 1.7%，人均耕地 2.6 亩，是一个人多地少的多民族村。

在目前的中国，村有两种：自然村与行政村。自然村是指中国农村地区的自然聚落，贺雪峰在《新乡土中国》中说：自然形成的大家聚居在一起的社区。行政村是中国行政区划体系中最基层的一级，设有村民委员会或村公所等权力机构。一个行政村包括几个到几十个自然村。这里的行政是指村子里的权力组织及其活动，狭义的解释是指村级政权组织及其活动即"乡政村治"。

二宫村作为一个行政村，下辖 4 个自然村即 4 个村民小组。该村一组主要以汉族组成，其中 50% 来自于江苏泗阳等地，其次有河南人、山东人等。二组，有 743 人，实际 1200 人，以维吾尔族为主，其中回族有 40 多户，汉族有 30 多户。三组，393 人（包产到户时），实际 610 多人，以维吾尔族为主，占 98% 左右，哈萨克族 5 户，回族 3 户，汉族 1 户。四组，按照 20 世纪 80 年代，包产到户时统计共有 284 人，目前 586 人，115 户，以汉族为主，有 60% 的汉族，25% 的回族，15% 的维吾尔族。

二宫村的建村历史基本上和伊犁将军府衙的建立是同步的，早在 200 多年前这里就有人居住了。由于人口的繁衍，村庄的扩大，二宫村在地理上逐渐形成了两个大的聚落，使得 4 个村组从公路沿线朝山脚下扩展过去。除了一组和其他组有一定的距离，其他的 3 个村组的分布较为集中，由于是个多民族村，宗教信仰的影响在该村比较深远，该村除了汉族和锡伯族以外，其他的几个民族几乎全部信仰

伊斯兰教，因此，从民俗节日到世俗生活无不深深地打上
伊斯兰教教义的烙印，对村民生活的各个层面有着巨大的
影响。

图 1 - 4　二宫村的清真寺

　　整个村子有两座清真寺，维吾尔族、哈萨克族、回族
的伊斯兰群众共同使用。清真寺占地面积不大，位于二组
的清真寺算是最大的一个，大门正在重建当中，砖混圆顶
的建筑，明显有西亚伊斯兰建筑风格。清真寺院子不大，
透过栅栏墙，直接可以看见经堂里做礼拜的穆斯林。另一
座清真寺位于三组。要不是清真寺顶泛着银辉的新月标
志，你是很难将一座院落和清真寺联系在一起的，特别
是有着游牧传统的哈萨克族，清真寺建设得更为简朴。
和其他省市所见清真寺相比，简朴是新疆清真寺建筑的
一个最大特点。在毗邻的甘肃省，其下属的张家川回族
自治县和临夏回族自治州的部分穷乡僻壤，历史上由于
有不同门宦之间的竞争，那里的清真寺建筑华丽与贫瘠

的村庄对比凸显，往往会让第一次看到的人发出一声声的惊叹。

在前往二宫村的路上，镇干部告诉我们："二宫村年轻人非正常留大胡子，妇女蒙面的比较多，加上其他因素，因而是全县的一个重点治理村，县上成立的工作组自 1997 年一直常驻该村，协助村委会工作；另外，近几年，该村的一组由于牵涉一些补偿款项的问题，群体上访事件不时发生，是远近有名的上访村。就这两大问题，让镇政府很伤脑筋。"

二宫村党支部的马富强书记来二宫村担任村支书两年了，在介绍村落情况时，显得精明能干。村委会会议室大约有 30 多平方米，两排靠背联椅，5 张办公桌。村支书和村长的桌子面对面，在办公桌上方，有毛泽东的手迹"实事求是"4 个大字，桌上端放着中华人民共和国国旗和中国共产党党旗的小桌签。两个档案柜里整整齐齐放着少生快富、流动人口管理、用水协会档案；村务组织职责；村务公开职责；入党积极分子档案，团建档案，帮教警示教育，武装工作档案；集中整治档案，党政廉洁建设；信访档案，等等。民主管理制度等各项管理制度挂在墙上，整个办公室干干净净。在大会议室，正面的墙上挂着马克思、恩格斯、列宁、斯大林、毛泽东、邓小平的画像，这么全的画像在城市里已不多见了。

我们提出要找村民座谈，马书记说："现在是农忙时节，在村子里找人谈话比较困难，来得不是时候，如果再晚来半个月，基本就农闲了，那时候满村转悠着闲人。不过，我可以试着给你们联系，能联系到多少是多少。"

马书记用维吾尔语和前来办事的维吾尔群众交流，并不

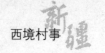

图 1-5 悬挂着领袖像的村民会议室

停地用维吾尔语在电话里联系我们所要访谈的对象，在多民族地区，多掌握一门语言，其工作便利程度是很明显的。

村委会院子里有一间屋为"社会主义新农村平安建设办公室"，这间办公室的设立与1997年发生的伊犁"2·5"事件有关。那次事件之后，在对参与暴乱的暴乱分子的清查中，公安机关发现在二宫村二组就有村民参与过相关的一些活动，或与事件有关，再加上20世纪90年代，村一级基层政权普遍乏力，该村村委会力量比较薄弱，为了加强村委会的工作，霍城县下派的工作小组常驻该村，该办公室的主要任务就是帮助村委会对事件相关人员在思想上进行帮教，在生产生活上予以关心和照顾。到2004年，随着新农村建设的施行，这一临时设立的机构就和新农村建设的工作合二为一，取名为"社会主义新农村平安建设组"，但其主要职能没有变，这个办公室（大约有15平方米）既是3位工作人员的办公室，又是他们生活的宿舍。

由于土地包产到户，村一级组织工作越来越被动，为此，霍城县县委、县政府在 2006 年提出，要"阵地建起来，班子聚起来，干部强起来，工作顺起来，经济活起来，新农村亮起来"，从该村村委会主要成员对村委会开展工作介绍看来，二宫村在朝着这个方向努力。此前，伊犁州发布过关于《伊犁州直属县（市）村队升挂国旗管理办法》的规定，要求各乡镇行政村红旗飘起来，喇叭响起来。有一些村子在此基础上还提出：宣传标语牌竖起来，领袖像挂起来，党报党刊读起来，文艺节目演起来，爱国电影放起来等活动。二宫村村委会除了看到旗杆上没有飘扬的国旗，其他基本上都有了。至于党报党刊也有，一看上面的灰尘，可以断定，很难说有人去读。据村委会人员说主要与报刊的发送有关，本来《新疆日报》需要每天都送，但由于距离县城较远的缘故，大多是半月来一次，许多消息多是从电视新闻上早就看到了。该村还组织过文艺节目，由于维吾尔族善舞的天赋，在以前民间文娱节目会演中还拿过镇上颁发的一等奖，由于电视在农村的普及，看电影对二宫村村民来说，还是改革开放初期时的记忆，似乎没有电影下乡的说法。

由于二宫村距离清水河镇只有 4 公里的路程，因此该村没有巴扎（维吾尔族语对集市的称呼），大件的生产生活用品就前去清水河镇或者霍城县购买。日常的生活用品在村里的小商店购买，每个自然村里有 4 到 5 个小商店，一组村口的小商店带有澡堂兼带小食堂，古尔邦节到来时，前来洗澡的维吾尔族和哈萨克族群众比较多，食堂主要是为前来该村打工的季节工开设的，平时几乎没有人，只有在棉花采摘或者甜菜收获的季节才有生意。村委会门前一维吾尔族人开有一家小商店，顾客大多是对面二宫村学校的学

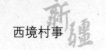

生，一到下课，或者放学时间许多小巴郎子蜂拥而至，一角钱一个冰棒或者一个麻辣条，有滋有味、心满意足地吃着去上课或者回家了。

二、三、四组有 1.5 公里的沙石路与 213 国道相接，距镇中心 3.5 公里，一组有 5 公里多。二宫村村间主道是土路，开春化雪时全是泥，出行比较困难。有公共汽车、三轮摩托车到清水河镇，车票 1 人 3 元，对于农村而言，乘运费偏高，对于经常去清水河镇的村民来说确实是不小的一笔开销，许多村民抱怨，按照公路里程来说，收费高了许多。

4 个组中各有各的特点，例如，一组这几年由于村里处理的一些问题不公平，经常连续上访，被人们戏称为"上访村"，的确，一进村子，老百姓看到和我们一同前行的镇干部，就抱怨声四起。例如，村干部现在只管用水、计生等事情，帮教、联保、党建等，平安建设等好多工作是虚的，而且主要是针对陪同我们前去镇干部所说的。其他几个组，由于村民以维吾尔族为主，语言不通，通过翻译交流不太方便，对于我们的到来就显得相对平静些。

在该村除了村中及田地边上人工种植的白杨树和老百姓叫做冠冠树的树种，再没有其他树种，村里也没有成片树林。但是在路边看上去比较漂亮的冠冠树却到处都有，这冠冠树在新疆广大农村最为常见，民间俗称馒头柳。当地老百姓讲，在伊犁绿得最早的树就是它，掉叶最迟的树也是它，无须人工雕琢，树冠自然呈圆形，其他就是田间路头高大整齐的新疆白杨，给第一次见到它的人一种震撼之美，枝干直立向上一般高达 10 多米到 20 米不等。据说这种树耐寒耐旱抗盐碱，还有一定的抗尘的能力，这么高大的树，种在田间地头，对粮食作物的光照几乎是没有影响的。

图1-6　路边的高大白杨树

南疆维吾尔族传统建筑房子多为方形，房子多开天窗，用来采光、流通空气。但伊犁河谷的建筑，由于雨水多，房顶多少有点坡形。而二宫村村民建房子，多是砖混结构的平顶房，砖混结构的房子就没有人在房子顶开天窗了，和周围汉族修建的住房差别不大，玻璃窗户多而且大，光线很好，平坦的屋顶上可做晒场用。维吾尔族院落多呈方形，有大门忌朝西开的习俗，为了光照的缘故，朝南的比较多，一般在住室前面有较长的由柱子支撑的前廊，据一位村民说，他们把这种建筑形式叫"巴廊"。室内一般砌实心土炕，亦有可取暖的空心炕，高约30厘米，上面有木板，供起居坐卧。土木结构的房子墙上开壁龛，放置食物和用具，有的壁龛还构成各种几何图案。房子的内墙上一般有美丽的挂毯，以华丽为主，大红居多，土炕上一般也是铺设毛毯之类的，毛毯以紫红色为主。经济条件好的家庭有两个厨房，一个在房子里面，冬天使用，一个设在院子里，供夏天使用，只是在锅灶顶子上搭一个棚子遮挡阳光。

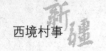
第五节　二宫村人口来源考察

二宫村一带有农业生产的历史有 200 多年，和美国的建国历史差不多，但真正成为一个上规模的完全意义上的行政村还是 20 世纪 60 年代开始的。对该地人口来源的考察，除了一些老年人断断续续的回忆（大多数只能将回忆推到 20 世纪五六十年代），我们只能根据历史记载做一些推断。根据霍城县《地名志》，二宫村名缘于清代兵屯单位称"工"，后讹写为"宫"，此地排序第二，故名。也就是说这地方在清代就是一个驻扎军队和屯垦的地方，这种命名方式在新疆比较常见，在二宫村附近就有一个三宫乡，即使在乌鲁木齐市也有头宫、二宫、三宫等地名，也就是说，二宫，原应该叫二工，在清中期属于屯军之所，随着岁月更替，也就"军转民"了。

我们发现，20 世纪 50 年代的二宫村，无村可言，只是个地名而已，有不多数量的哈萨克族牧民在放牧，经过查阅资料和村民走访，可以大概推测出二宫村的村民的几个来源地：

第一，伊犁河谷的汉族在古代就有，汉武帝为了联合乌孙（居今伊犁河上游流域），封细君为公主，下嫁乌孙国王昆莫猎骄靡（又作昆莫）。《汉书·西域传》记载，细君公主出嫁时，汉武帝"赐乘舆服御物，为备官属侍御数百人，赠送其盛"。

二宫村的汉族主要居住在该村一组，其中有一半以上的村民来自江苏省泗阳县，其他山东人和湖北人居多。他们大多是在 20 世纪 60 年代响应中央支边的号召前来，而且大都参与了二宫村开荒，其后，又通过自己的亲戚和乡邻的关系，陆陆续续地引进了许多迁入户，这是二宫村的汉族居民的主要来源。还有，20世纪50年代，在城市企业人员的缩减政策的推动下，有一批人从乌鲁木齐下放到农村，其中就有到二宫村的，据村里老人讲，特别是新疆八一钢铁厂的工人，来到二宫村的多。三年自然灾害时期，来自内地逃荒的，被称为自流人员的经县政府的安排逐渐进入农村，后来由于亲戚投奔亲戚等方式，该村的汉族居民村——一组就是这样逐渐形成的。在这一过程中，汉族传统的乡土情结起了很大的作用，相邻乡镇的同一个省籍的、地区的，逐渐相互吸引，相互靠拢，逐渐地形成了现在所谓的河南村、山东村、江苏村等。二宫村一组叫做"江苏村"，其中有一半人是江苏籍的，这中间固然有语言交流方便的一面，但更多的则是乡土观念所起的作用。

WTH，一位70岁的老阿姨讲述了她的经历：

> 我是江苏省泗阳县人，1959年，中央号召青年人应当到祖国最需要的地方去，要到祖国的边疆去锻炼，我就来到乌鲁木齐，被分配到铁路局工作。1961年中央号召城市职工向农村分流，我和丈夫就来到了清水河，在组建生产队时，我们汉族的乡土观念重，同一个县和同一个省的喜欢住一起。后来在新疆的江苏籍转业军人、城市企业中疏散的江苏籍工人自流过来的比较多，后来，老家日子不好，就把舅舅和弟弟接来了，现在都有家庭。

另一位老阿姨是湖北孝感人，现在70岁，有三个儿子一个女儿。原来支边到兵团的，那时候觉得兵团不如公社

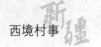
好，就主动来到这里。那时候20多岁，上面对支边也没有太具体的政策。

该组除了江苏籍人，也有山东、河南、湖北和甘肃等地的，大家在一个村子里生活，时间一长，许多方言就明显地夹杂有江苏口音，似乎江苏方言是一组的"官方语言"。一位祖籍山东的大叔说："我们被这些江苏人给同化了，我现在说的不是山东方言，也不是江苏话。"

71岁的倪老伯说：

我是1961年自流到新疆的，由于老家江苏泗阳没有吃的，听老乡说新疆可以吃饱肚子，为了不被饿死，来到新疆被编在霍城县建筑队劳动，那时这地方劳动基本上是机械，劳动量小，而且，每天都可以吃饱饭，干了3个月后，要求我们选择去哪个村子，我就来到了二宫村，那时候人劳动完就有点懒散，当时中央来了一位领导，看到这种情况就说边境地区怎么就没有一点紧张气氛，都快打仗了，这地方都是战场，这样一说，一下子紧张起来了，一部分汉族人由于害怕回老家了，哈萨克族开始朝边境跑也就在那个时候①。后来，在现在的清水河镇上架起了大炮，军车也大批地开来开去，没有走的哈萨克族也不敢走了，慢慢地也稳定下来。紧接着是'文化大革命'开始了。去哪里都

---

① 1960年以前，中国和苏联关系友好，中苏边境中方一侧基本处于有边无防的状态。1962年年初，新疆伊犁、塔城等地区发生了大批居民逃往苏联的事件。起初是少数居民外逃，从3月中旬至5月，发展成为成群结队外逃。在伊宁市还发生了一些不法分子冲击政府机关、抢劫政府档案的事件。截至5月底，逃往苏联的中国公民累计达6万余人，他们带走大小牲畜23万头、大车1500多辆，造成耕地荒芜60万亩。

是乱，我们也就住了下来，一住就是近五十年。

像倪老伯这样经历的汉族村民，在二宫村周围村庄的比较多。

我问及为什么在二组、三组有许多从一组分出去的汉族村民，老人告诉我：

> 那是个人喜欢不喜欢的事了，他们村上还有几户汉族搬到二组和三组去住的，那两个组绝大部分就是维吾尔族。搬过去的主要原因是在村里和其他人怄气，1966年"文化大革命"就开始了，我们这地方分为两派，一派保护王恩茂，一派保护黑吴广，就开始你斗我，我斗你的时候，派别斗争厉害，整人也整得凶，有些人就不愿意在这儿住了。还有那时候早请示，晚汇报，毛主席他老人家的政策执行得比现在硬，做得不对，就要被批斗，一组做得很过分，有些人受不了，就去了其他组。

另一村民说：

> "文化大革命"的那时间就是苦，大年三十还要干活，但是大家能吃饱肚子，很少有人返回老家的。那时间食堂是免费的，天天吃玉米面天天开会学习，后来1983年包产到户了，人才慢慢地有了自由。支边的人也有的回去了，回去后发现那边的地已经分完了，自己也没有其他的事可做，老家潮湿，身体也适应不了，大多又都回到了新疆。人嘛，就这样子哪地方生活惯了，就喜欢哪个地方，现在没有老家的概念了，就

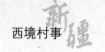

是新疆人。

第二，该村的维吾尔族主要在二组和三组。但就整个新疆各民族的居住格局而言，传统上，新疆维吾尔族以喀什和吐鲁番为聚居点，那里有以吐鲁番和喀什为代表的两大回鹘文化中心，成为吸引维吾尔族的强大凝聚力。

居住在伊犁河谷的维吾尔族人数比重在北疆也是比较大的，其主体来源要上溯到清代乾隆年间。其时准噶尔部控制新疆，曾从天山以南迁徙维吾尔农民到伊犁河上游从事农耕，为游牧的准噶尔人生产口粮，当地人称之为"塔兰奇"，其意为给人家种地的，也就是农耕者。清朝平定准噶尔战争中，由于战乱，伊犁的"塔兰奇"大多逃走，但农耕生产方式在这块牧区扎下了根。由于这层历史渊源关系，清廷为了解决军民吃粮问题，从内地运送军粮花费太大，决定借助维吾尔族人来恢复和开发伊犁的农业，称为回屯。乾隆二十五年（1760），从阿克苏、乌什、赛哩木迁移的300名维吾尔族农民在官兵护送下取道阿克苏经由穆素尔达坂到伊犁，这比从内地调屯兵或迁移民户要省却许多麻烦。移驻所需的农具、口粮等物由各城伯克①筹措，迁移者每人领口粮、籽种及锛、斧、镰、刃、犁等农器具，并配给驮运牲畜。当年虽然稍逾农时，仍获得丰收。1761年，第二批维吾尔族人500户迁到，预定秋后再迁200户。六月，管理回屯的阿奇木伯克茂萨因庄稼长势良好，请求提前迁移，"以助收割，获得允准，屯户总数达到1000户"②。

---

① 新疆维吾尔族地方官吏的总称."伯克"是突厥语的译音，有王、首领、头目、统治者、官吏以及老爷、先生等多种意思。
② 《清实录》第17册《高宗实录》卷619。

其后迁徙活动并未停止。由于伊犁盆地土肥水足，农业条件优越，清廷就一再增调维吾尔屯户，扩大开垦，特别是乾隆二十八年（1763）调入的索伦、察哈尔及甘肃凉州、庄浪兵不下万人，对军粮的需求激增，维吾尔人户的派遣到伊犁河谷也由此达到高潮，从一年前的 368 户，猛增为 1500 户，乾隆三十年（1765）再迁入 1796 户。到乾隆三十三年（1768）迁移停止时，回屯共有 6004 户，20356口，[①]因此，这里的维吾尔族基本上是从南疆过来的，当然，血缘关系起了很大的作用。其后，亲朋、邻里相互依托，集聚在一起，到现在，许多维吾尔族家庭在南疆的克州、喀什、和田等地都有亲戚走动。可以说，二宫村的维吾尔族从南疆过来的比较多，基本上也是通过亲戚关系，相互联系来的。现在有一些维吾尔族青年在找媳妇的时候，这边不好找，就多从千里之外的南疆老家考虑。周围其他地区的维吾尔族看到这里会聚的本族人多，大家的生活习俗基本上一致，也由其他地方逐步地聚拢过来，当时的清政府也乐意这样做，在管理上比较方便。

除了南疆迁入的维吾尔人以外，1882 年清政府恢复伊犁地区的统治之后，以前被俄国掳掠去的维吾尔族由于种种原因回到伊犁河谷，张绍伯在《新疆外交报告书》中说：两国收交伊犁时，"俄国趁人心未定，胁迁而去着十之七八。迨后大局渐安，迁去之民不忘故土，仍归我国……共计二千余户"。回迁居民也是一个很大的数字，其中就有一批维吾尔族民众。

第三，哈萨克族则历史比较悠久，伊犁哈萨克自治州，

---

① 刘统勋：《西域图志》卷 33，台湾成文出版社，1984。

就是全国最大的一个哈萨克族自治州。清代从俄罗斯进入伊犁河谷的哈萨克族主要是黑宰和阿勒班两个部落，伊犁将军长庚说："原系中国黑宰哈萨克，曾在辟里沁沟游牧，光绪八年被俄国兵胁迁俄国，缺少水草。我们穷困，难以度日，乌雅斯官还要水草银两，眼见人畜都要饿死。闻中国哈萨克享受安乐，跑来伊犁，求恩安插，万不能回去"①，这是哈萨克族回迁的记载。

这一则资料表明，伊犁河谷优越的自然环境和安逸的社会环境，使得大批的哈萨克族人进入了伊犁河谷，并逐渐成为伊犁河谷人数最多的民族，哈萨克族以游牧为主，游牧民族逐水草而居是其最大的特征，哪儿有水草，就去哪儿放牧。因此，边界概念在他们的意识里产生和建立可能比较模糊，国家边界对游牧活动相对有点阻碍了，这也可能是 20 世纪 60 年代"伊塔事件"发生的一个微不足道的因素了。

哈萨克族在新疆的北疆分布比较广泛，特别是伊犁哈萨克自治州，就是哈萨克族的聚居地，与霍城县毗邻的哈萨克斯坦其主体民族就是哈萨克族。

五六十年代，二宫村一带基本上是丰美的牧场，那个时候，茂密的草场，基本上在一米以上。据当时到二宫村的江苏支援边疆的老人们回忆，哈萨克牧民的帐房不集中，三三两两地分布着。在 1962 年伊塔事件中，二宫村周围的哈萨克族牧民也收拾了自家的毡帐，赶上自家的牛羊一股劲地朝边境线走去。后来由于中苏各自关闭了自己的边境，

---

① 《伊犁将军长庚奏稿》转引自《沙俄侵略中国西北边疆史》，人民出版社，1997，第 292 页。

没有走掉的和从其他地区赶来，途经二宫村的就留了下来，基本上就是现在在二宫村生活的哈萨克族村民。

据二宫村一组一位姓乔的老大叔的话也印证了这一点：

> 刚来二宫村时，周围大概有 7～8 家是来支边的，其他的多是哈萨克人在放牧，住得也特别分散，然后就开始往苏联那边跑，哈萨克族、维吾尔族、汉族、回族都有，往出跑不是因为民族之间有啥矛盾，在当时大家关系都可以，大部分人比较盲目，老百姓吗，听说那边白面能吃饱，谁不想去。或者只是说他们那边有亲戚，反正几天之内就跑了好多，刚开始也没有人敢去管这事，三天以后，据说是中央有文件下来，开始在边境上堵截，哈萨克牧民走的时候，把手头人民币也烧掉了，他们说到苏联那边，这"小人头"（人民币）不能用，要用"大人头"（卢布）的。他们骑着马，赶着牛羊，一群一群地往西边跑。过去的汉族和回族，苏联当华侨对待，但对哈萨克族人待遇也不好，后来，又有一些人往回跑，那边过得不好，回来的也就归到队组里边了。

现在，他们组里就有两家哈萨克族。"伊塔事件"是当时中苏边境上的一件大事，一些哈萨克牧民盲目西走时，走的时候就认为想回来也就回来了。但现代意义上的国家边界可不是随意游走的牧场，是不允许有随意性进出的。加上这几年哈萨克斯坦国内民族主义抬头，前去哈萨克斯坦定居的人也多，两边亲戚走访得也较为频繁。

第四，伊犁河谷生活着的回族历史也很悠久，乾隆年间在屯垦守边的过程中集体西迁来了一部分，后来陕甘回民起义，大批回民退至新疆，清政府在镇压的同时，采取"分而治之"的政策，在新疆大量安置了失败的起义者。部分人马去了沙俄，形成了现在的东干族，多年后，有一部分回族后裔又回到了新疆，和当时未离开新疆的回族群众定居于伊犁、焉耆等地区。除了以上主要来源，清政府在镇压陕甘回民起义中也有一些强制性迁移的，另有由回族组成的军队进驻新疆就地转业遗留下来的一部分。

许多回族老人在脑海里留有断断续续的记忆：回族大多来自甘肃、陕西和宁夏，在那次大起义中，进入新疆时回民中的十八大营中只剩下几万人，而且其中有许多家属和伤病员，西出阳关之后，回民受制于阿古柏，各方面都十分困难。茫茫戈壁，水源极缺，人烟稀少，沿途死伤人不少，也有走不动而掉队的。至今，在酒泉、哈密、昌吉、焉耆、巩留、伊宁、霍城一带，仍有些操陕甘方言的回民乡庄，基本上就是当年掉队的回民后代。

新中国成立以来，自流过来的回族民众也比较多，主要基于20世纪五六十年代的大饥荒，大批逃荒人口为主，大多来自甘肃临夏、青海和宁夏西海固地区，而且，霍城县就有哲赫忍耶门宦的三处拱北，每年前来朝拜的回族哲合忍耶穆斯林数以千计。

由于新疆地区在历史上作为一个多民族地区，民族之间的交往是不可避免的，历史上各民族的此消彼长，无时无刻不在发生着。各民族在交往过程中，民族的消亡、民族的自然同化和强制同化，这些过程在历史上随时都发生着，要找到一个纯粹血统的民族几乎是没有可能的。

第二章 土地与灌溉

第一节 适宜农业生产的环境

伊犁哈萨克自治州有可耕地 3000 多万亩，现已耕种 1100 多万亩；有天然草场 3 亿多亩。地形复杂，土壤种类不一。山巅终年积雪，是冰沼土；雪线以下系山地潮土，生长各种牧草，是优良的夏季牧场；山地森林带内是褐色森林土，有着丰富的森林资源；山麓缓坡地带为栗钙土和黑钙土，是优良的春秋季牧场。

据史料记载，"瞻德城者，地曰察罕乌苏。……伊犁田地肥沃，无过察罕乌苏……"足见这里是一块天然具有农业生产条件的地方。在古代，建立一个新城，周围没有大规模农业的支撑是不可能的，当时这一带属于准噶尔蒙古人的游牧范围，定居的农业人口比较少，建立城市没有充足的粮草是不可能的，要保证伊犁将军府这一庞大的政府机构的正常运转，实行军屯是必需的，也是解决粮食问题的唯一途径。

二宫村本身是一个军屯点，向南 4 公里左右就是清水河镇，也就是著名的瞻德古城，向东南方向 7 公里处就是著名的伊犁将军的署衙惠远城。伊犁将军府是在清乾隆王朝时期建立的，而二宫村土地肥沃，村子后面格干山的雪水水源充足，在这里建立军屯点得天独厚，这可能就是二宫村早有人居住的主因所在。根据《地名志》，该村周边大致在公元1800年左右就有人定居了，因此二宫村作为军屯的时间应该与设置伊犁将军府衙的建设时间差不多，算来也有200多年的历史了。

但这似乎又和我们实地的调查多少有些矛盾。现在的二宫村不是农业大村，人均土地面积和周围村相比，算是比较少的了，而且据二宫村的老人们回忆，他们大多是在1962年前后来到这村子的。那时候，周围全是大草滩，是一个放牧的绝佳场所，定居居民不多，零零散散地住着一些哈萨克族牧民，他们大多在1962年的"伊塔事件"中外逃越境到苏联那边了。这里大都是沟壑纵横的大草滩，现在看到的田地基本上是这些开拓者劳动的结果。

在询问了好多当年的知情者以后，结合史料，我们推出以下较为合理的结论，二宫村有人居住的时间应该可以推进到200年以前，即伊犁将军府建立的时代，而且农业生产在当时相对于其他地区也是比较显著的，毕竟伊犁九城的军民商旅的吃饭是个大问题，更重要的一点是当时的二宫村，其范围是比较大的，可能和三宫乡相接。整个伊犁将军府下属的居民点并不太多，除了游牧的哈萨克族以外，实际上就是军垦点，比如：二宫，三宫，等等。或许当时的一些面积不大、不连片的农业，现在觉得是小农业，但在清代中期就是大农业了。这种状态一直持续到20世纪50年代，才开始有大批的支边青年的进驻，动用大的机械化平沟填壑，开垦出一望无际的大块条田，对于参与这一改造工程的村民来说，当时来这里所见到的在历史上被津津乐道的农业就显得规模不那么大了。

二宫村后面的是天山西段一支——格干山，发源于天山的雪水在村子旁边形成了一条季节性河流，这就是二宫村旁边的格干河，冬天河床底朝天，初夏之际水势比较大。每年的4、5月份，土地需要用水的时候，刚好也是雪开始融化的时候，那时候格干山雪水汹涌而下，格干河水为所过地区带来一片生机，从村庄西侧穿过流入西去的伊犁河。几条笔直的人工大水渠从格干河穿过了平整的农田，为农业生产提供了充足的水源，这是二宫村农业生产的命脉。由于二宫村的夏天很少降水，冬天的降雪量是比较大的，土地的保墒相当不错，使得该村在农业生产上具备了最为基本的条件。

新疆的土地基本上呈现条田分布状，有小路通向地头。大块的条田基本上与大路相通，而二宫村的土地也是如此，所有的农田都要灌溉，因而主干渠、分渠纵横于田野之中，现在看起来平整的田畴，就是20世纪50年代从一片沟壑纵横的草场中开垦出来的。

据村里的WTH老人讲：

1961年党中央号召分散下乡，我那时候就和老伴一起来到这地方，那时候哪有地呀，全是大草滩，那草有一人多高，起伏不平的沟壑特别多，很少有树。刚来时没有房子，就挖地窨子，地窨子就是在地上挖个坑上面用草棚遮上，那时的日子的确是苦，夏天很潮湿，冬天特别冷，周围的蚊子成群飞，慢慢地在这里开垦荒地，填平沟壑，平整土地，当时县上派来了好多大型的拖拉机，把整个大草场按照区域用石灰线隔开，就这样干了好几年，这地方才变了样。那时候周围分散居住着许多哈萨克族牧民。

图 2 - 1　二宫村平整的土地

另一位来自湖北孝感的老阿姨 LSM 说：

> 我原先是支边到兵团的，那时候觉得兵团不如公社好，就主动来到这里（二宫村）。那时候 20 多岁，上面对支边也没有太具体的管理政策，来了只要能干就行，我们就自己实干加苦干。在干活的时候，男人能拿镐挥锹，女人也挥锹撂土，不甘示弱。汗水浸湿了衣服，头发像被水淋过一样，这些她们全然不顾，争得第一是她们共同的愿望。冬天吃雪水，夏天喝有马粪味的水，吃野菜，马苜蓿是家常便饭。后来从地窖子里搬到用土块做的房子，条件算是改善了，我们那时候干活是没有任何报酬的，就自己实干加苦干。

逃荒来到二宫村的老人 WLY 说："每天还能吃饱肚子，这些对于一个农村逃荒的人来说已经很满足了。那个时候，我们吃的还可以，因为吃得好，干起活来都特别卖力，开荒造田、修渠挖沟，每个人都投入全部力量，保质保量完成任务。"

我们现在能够看到的二宫村的一万多亩良田，就是在这一代人的劳作中这样开垦出来的，二宫村的村庄也就是这样兴旺发达起来的，二宫村的村民们也从此有了大片的良田作为生活的依靠。

经过多年的开发，现在该村地势平坦、田畴平整、土地肥沃，水、土、光、热，这些条件适合于小麦、玉米、甜菜、油料、豆类和各类瓜果蔬菜生长。油菜和胡麻是传统油料作物，油葵是20世纪70年代引进的一种油料作物，它以耐盐碱、易管理、含油量高等优势，成为该村的主要油料作物，棉花作为该村的主要经济作物，给村民也带来了不菲的收入。

由于日照充足，全年日照时间长，温差大，最大日较差18℃～23℃，无霜期占全年的1/3～1/2，冬季漫长，春季温和湿润，夏季炎热干燥，秋季天高气爽，由于大陆性气候比较明显，降水不能满足农业用水，农业用水主要靠天山（格干山）上的雪水灌溉。霍城县境内矿产资源丰富，野生动植物品种繁多，但占地只有45公顷的二宫村并无任何矿产资源，农业是其主要生产部门，灾害性天气主要有干旱、冻害、冰雹等，但并不频繁。

第二节　土地制度变迁

土地是农民最重要的经济资源和经济保障。我国是个农业国家，经历过大饥荒的一代农民对土地和粮食有着特

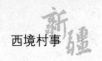

殊的感情，正如二宫村一位来自甘肃的定西回族老人告诉我："这地方比较奇特，只要好好干，土地爷不会亏待人的。"老人是在大饥荒时来自于甘肃定西，定西是甘肃极度缺水的地区，靠天吃饭，老天不下雨，土地爷还真没办法，灾年饥荒就是很正常的事。新疆这块大地上的确没有发生过规模大的饥荒，而且在大饥荒的年代，向内地运输粮食以救济饥荒，同时接纳了大量其他省区的饥民，这正是这块土地的神奇之处。

新疆和平解放之后，土地草场逐步从封建主收归国有，当时人少地多，那个时候新疆不存在人地矛盾，20世纪50年代末到60年代初，"伊塔事件"大批边民外逃，一时间造成边境地区空虚，为了实边和开发新疆，除了新疆生产建设兵团实边外，党中央号召有志于边疆建设的青年前来支援边疆建设。

同时，河南、湖北、山东、安徽、江苏等地处于饥饿中的农民自流来到新疆，也加入到垦荒的大军。为了增加粮食的生产，政府组织支边青年以及自流人员，在县农机部门的协助之下，对大草滩进行了规划，开垦出来大片农田。由于是集体劳动，这是20世纪60年代的事，也就不存在土地划归私人使用的做法，大家是集体食堂，共同劳动，共同收获，村民来自各地，不存在像其他地方有地主、富农成分的划分。

这种状态一直持续到1983年，农村包产到户政策在当地得以实施，土地逐渐分到农户手中。当时分配土地，大部分农民的思想观念没有转变过来，以为分地到户只是一种暂时政策，不会持续多久政府又会收回去的，因此，不论是生产小组还是村民个人，大队将土地划归在哪一个小队，各村组抱着一种不太关注的态度，村民自己对于分到的土地条件的好坏也不十分在意。但这次分地以后再也没有进行调整，因为村上就没有多余的土地可以来为新增的人口再分配，从人口家少的家庭调出多余的土地则更困难，上年纪的村民对土地从来就不会嫌多。

现在，由于土地政策基本上遵循的是"增人不增地，减人不减地"的原则，二宫村也是这样规定的。也就是一个家庭中，其成员离开村子，他所占有的土地仍由其他家庭成员占有和使用，村委会不会收回；由于娶妻或者生孩子而增加了人口，也不会再分配土地。村委会没有多余的土地再来分配，这一政策已经延续到了第二代和第三代人。

虽说调整土地难度很大，但也有例外，二宫村一组就调整过土地。说到这一点时，村支书深有感慨地说：

"据我所知，二宫村一组是全地区唯一，没有第二个，起码在霍城县，唯一第二次进行过承包土地调整的村子，所以一组土地还均衡点，稍好点。其他村组都是一轮承包，随着各个家庭人口的增加，一个大家庭分出几个小家庭，越分越少，不同家庭拥有土地不均的现象更厉害。"这是农村地区人地矛盾凸显的一种反应。

一组的这一做法是很特别，因为"增人不增地，减人不减地"的原则，对有些村民是有利的。比如分地时家里女孩子多的，现在基本出嫁了，土地就留给娘家了；其次，由于计划生育政策的推行，孩子比较少，家里人均土地也会比较多，反之，家庭人均土地就比较少。土地减少，对土地上从事生产的农民是有直接影响的，于是一部分村民把自己生活上贫困与不满意全部发泄到对土地的分配上，

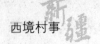

强烈要求土地再次调整的呼声特别高。在我们调查的 48 户中，有 21 户由于地少，又承包了别人的土地。其中有两户前来该村租种了别人的土地，有一户租到土地 30 亩。

由于农田的大量出现，草场面积缩小，逐渐萎缩到了山上。霍城县下辖的牧场里也是以出租和承包的方式让牧民使用，该村的哈萨克族牧民给别人代牧的比较多，这里边仍存在一个使用和养护的问题，毕竟，草场的承载量是有限的，而经营者对经济效益的追求却有着最大化的倾向。

有的村民承包的草场或者土地面积的拥有量赶得上新中国成立前的地主，但敢于大胆承包土地的多是年轻人。当然，他们热爱的不主要是土地，而是土地带来的效益，土地使用和拥有分离，在追求效益的过程中，草场和土地退化似乎难于避免。

第三节　土地问题

我国是城市土地国有制与农村和城郊的土地集体所有制的二元复合，"公平"、"平均"的观念仍将是长期制约土地制度变迁的重要因素。在中国无论过去、现在还是将来，农民土地权利的"公平"性始终而且仍将是比效率更重要的因素。

曾经有人撰文说土地自由买卖是中国农村的希望之所在，要求土地归属农民，实行买卖自由。这似乎在理论上可以说得通，但实际接触到农村和农民以后，就有一种强烈的感觉，中国的土地一旦开始买卖，可能是农村的一场灾难。就二宫村来说，对于身处困境而又没有长远打算的农民，出售手中的土地就成了大多数人的一种选择，而农业方面季节性的打工收入很难养家糊口，无地农民只能走向城市，那可能就不只是农村问题了，而且土地在农民心里所占的重要地位，是不可能用效益来权衡的。

我国《农村土地承包法》规定，通过家庭承包取得的土地承包经营权可以依法采取转包、出租、互换、转让或者其他方式流转，因此土地承包经营权，是土地承包人的一项法定权利。随着人口的增加，土地的严重不足，许多善于经营土地的农民开始承包别人的土地。在二宫村发出的 50 份问卷中土地的承包户大多是汉族，在承包别人土地的 23 户中，调查的 19 户汉族中有 15 户承包别人的土地，占总数的 64%，回族有三户承包，占总数的 13%，有 5 户维吾尔族承包了别人的土地，占总数的 21%。

据当地的一位汉族村民讲："现在政策比较灵活，有的人家地少，种地的收益不大，就将土地转包出去，做生意的、打工的都有，特别是维吾尔族和回族村民，有经商的传统，二宫村距离霍尔果斯口岸仅有 30 多公里，有些人在哈萨克斯坦有亲戚，出让土地以后，生意做得相当不错。"

在二宫村，汉族农民比较善于经营土地，可以从下边的一组数据中得到反映。在对该村农业产业结构的调查中，我们收到的有效问卷有 46 份，其中有 21 户村民承包土地 427 亩，占调查总人数的 45.6%，虽然承包土地的数量不是太大，但是，农户所占的比例是比较大的，这表明，大部分村民更愿意拥有更多的土地，而且主要是汉族。这似乎可以做出多种解释：第一，农村劳动力转移的速度和规模是比较大的，只有有人转移出去，才可以腾出多余的土地出租给别人。第二，税费的免除，二宫村根本没有撂荒地，农民对土地依然"钟爱"，即使有村民出外打工或者做生意

去了，其他村民会马上提出申请，要求耕种。第三，许多村民也算过这样的账，10亩地的获利是微薄的，雇佣季节工不划算，但100亩土地的收益是比较丰厚的，农忙时雇佣大型机械或者雇佣工也是有较大的收获的。

80年代，土地承包到户以后，村里自留下的土地，大家一般叫"机动地"，这一部分地是为增加人口来准备的，同时也是村里的集体资源，总不能让其撂荒，先得让人种，需要时收回再分配。对于这些土地的处置在村里是个敏感话题，80年代后期，多由村干部拍板决定，这里边往往会出现许多"猫腻"，被村民讥讽为"是村委会腐败的源泉"。

表2-1 被调查村民拥有土地的状况

单位：亩，户

农户　　　土地数量	10以下	10~20	21~30	31~40	41~50	51~60	61~70
承包他人土地	1	2	2	3	—	—	—
承包机动地	—	6	3	5	—	1	—
拥有承包地	15	15	10	3	2	2	1

从表2-1中看出拥有大量土地的村民并不多，48户村民中，家庭拥有20亩以下的有30户，占其中的63%，50亩以上的有3户，占所调查人数的6%。其中有5户承包村机动地户均达到30~40亩，承包他人土地的户均30~40亩的也有3户，无论是承包村里的机动地还是租种别人土地，其相应的人工费、灌溉费和农资费用是比较高的，没有一定的经济实力是不行的，土地的规模经营其实是中国农村发展的出路。

在二宫村一组，我们看到了在清查该组集体土地承包中存在问题的一份资料——《农村集体土地无效合同》，其中有 41 户村民承包村集体土地也就是村里自留的"机动地"，这可是每一位村民都惦记的土地。这些土地本来是村里的集体资产和为了增加的人口，在竞标承包过程中，村委会的权力比较大，问题就比较多了，许多没有经过群众大会的讨论就承包出去，而且价位也比较低。

一位村民说："能不能拿到机动地，就看你在村里的'能耐'怎么样，要么你就是队长的关系户。"

在二宫村的《农村集体土地无效合同》中，列出了签署合同的村民名字，合同涉及的土地面积，承包年限，承包费标准，无效合同摘要，是否纠正等六项内容。据笔者统计：承包 10 亩以下的有 13 户；有 9 户承包亩数在 10 ~ 20 亩之间；剩下的 16 户村民承包亩数在 20 亩以上。其中有 13 户在承包栏里写的是无期限，承包期在 20 年以上的有 10 户，其他的都在 10 年到 20 年，基本上是一次性交清承包期内的承包费。承包费也不尽相同，最近几年，按照每年一亩 100 元的标准收取，以前也有最低的每亩每年 16 元，最高的 60 元，这主要由土地的肥瘠，浇水和交通是否方便等原因决定的，当然与村干部的关系也相当重要。交承包费最多的 20800 元（26 亩土地承包期 25 年，每年每亩 32元）。

其中，在村民 SSY 和村民 YG 的违反事项内容一栏里写着：

2008 年由刘华强担任书记与宋××协商达成协议，2008 年到 2028 年以每亩 60 元价格，没有经过社员大会竞标，也没有通过招标大会竞标，承包给宋××使用。于

×承包地9亩，5年，每亩53元，未通过社员大会竞标。

其中有35户土地承包期超过承包期限，在是否校正一栏中，都注明否的字样。这样村里的720亩机动地基本上全部承包出去了，总计承包收入302480元，不包括无期限承包的13户。这样该村就没有可以调整的"机动地"了，对因为家庭人口增加的村民补偿土地也就是一句空话了。

有一些村组对农转非村民的土地采取了清退的方式，收归村里所有，再分配给其他人使用。据一位村干部说：

> 三组已经退了农转非的地，二组还未退……农转非的人想要回土地。像四队已经没有地了。……当时是镇上干部来插手管的，政策没有吃透。

村支书强调："农转非想要回地的找村委会，村委会没理会他，告诉他们（现在种地的村民）不要让别人抢了，抢了是自己的事。"村委会干部断断续续地讲述了围绕土地出现的矛盾，但不论怎么样，村里做了大量的调解工作，因此上访的人次逐年减少。

第四节　灌溉面临的困境

新疆地处亚欧大陆腹地，属于大陆性温带干旱和半干旱气候区，2005年水资源总量仅占全国总量的3.4%，又是我国最为干旱缺水的省区。

绿洲环境是依靠水来存在的，整个新疆大小绿洲就有800多个，在新疆水资源紧缺的环境下，土地的开发、利用和效益均严重受水资源的制约。据自治区水利厅相关资料显示：2005 年新疆用水总量占水资源总量的 53%，是全国平均水平的 2.6 倍；土地地均水资源为 578 米³/公顷，只相当于全国平均水平的 20%；农业用水占用水总量的 91.3%，远高于全国平均水平（63.6%）。霍城县全县 90% 以上的耕地旱季缺水，但地下水资源丰富。70 年代开始打井浇地和人畜饮用，使水源不足的矛盾得到缓解。但是随着人口和土地面积的增加，再加上自 20 世纪末以来，高温天气时间长，旱情尤为严重，地下水位一降再降。

二宫村和大多数新疆农村一样，经营灌溉农业，在格干山下建有水管站，雪水经过水管站进行分配进入各个村组的条田。由于要统一灌溉，整个条田种什么庄稼，基本上是统一的，小麦就全部是小麦，棉花就全是棉花，在同一块条田里，你种别的，灌溉没有办法保证，而且也可以统一收割。水从水管站分流到村组时，再由村里的管水员再次进行分配。一般情况是在每年的 4 月到 5 月开始浇灌第一次水，村民们称之为"头水"，能否先浇上水，能否浇足水，将涉及一年里收成的好坏。

新疆师范大学研究生艾清在《爱新舍利镇锡汉族群边界变迁的生态人类学思考》（2008）的毕业论文里有详细的描述，爱新舍利镇在察布查尔锡伯自治县，和霍城县相接，因此在关于灌溉方面有相似性。根据她的描述，结合二宫村村民的描述，我们对灌溉的环节有一个比较清晰的了解。每年的 4 月，天山上融化的冰雪水就开始下泄，水管站储存，5 月前后，冬小麦也需要浇水，棉花和玉米在 5 月开始要灌溉的。但是在近几年里，随着人口的增多，荒地的不断开垦，原来第一次灌溉和第二次灌溉之间一般是 15 天，现在基本是 20 天左右，气温高的时候，也是庄稼最缺水的

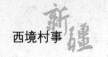

时候，即第二次和第三次浇水的中间，按照村民的说法，每年都会因为第三次浇水迟迟不来，使得粮食大面积减产。

一村民告诉我们：

> 这时候（第三次灌溉）的小麦正是浇水灌浆的时候，棉花、玉米缺水了也不行，等到水来的时候，许多玉米叶子干枯得随便用火柴都可以点燃，有时看上去有点残忍，庄稼也贱，看着晒死了，一见水就又活过来了。

按照艾清的描述：到浇水时节是村民们最紧张的，浇地之前，管水员就为每个用水农户开个接水单子，一般是一式两联，一分为二，管水员和农户各有一张，上面的主要内容是：

> ××同志：
>
> ××年×月×日×点×分—×点×分，共××小时。
>
> 　　管水员：××
>
> 　　　　　　××××年××月××日

二宫村村民也有这种凭据，凭据主要是要求用水农户自负其责，因为水量太大，多一分钟或者少一分钟，都会有影响，劳力少的，有时候全家老少一同出动，当水流到自家的地头上时，顺着你掘开的口子，流到你的地里，一般浇到地头为止。但是这几年缺水比较严重，下一次浇水还不知道要隔多长时间，许多人就开始"动脑子"了。在犁地时，进水口的这半边犁深一些，甚至将田地进水口这边的土壤推到那边，使进水口这边的土地凹下去，或者使地的中间凹下去，这样一来，地头这边早就浇透水了，可那边土地还是干涸的，遇上这种情况，大家都没办法，都是种庄稼的，怎么也得让人浇到地头才可以。由于心理不平衡，到第二年大家跟着做，但水管站给每个村里的水是有定量的，大家都这样做，全村用水就明显不足，于是，按照时间配水成了一种必然。经大家协商，每亩地浇多少水，以时间为准，例如，3分钟浇一亩地，就只有3分钟，其他人用3分钟可以浇透一亩地，你的浇不透，只能是你的土地可能没有修理平整，与整个浇水过程没有关系，这样化解了好多矛盾。

艾清在论文里描述：堵水口子是一个人完不成的，要好几个人同心协力，不管天晴和下雨也不管刮风，堵水的人们就要跳到水中打桩，所以在堵水时需要桩子、锤子、化肥袋子和填料，填料一般是芦苇、骆驼草、玉米秆和麦草，废旧地膜堵水最好。有时候为一分钟的浇水，多年的邻居相互翻脸，甚至亲兄弟之间也会打起来，一分钟可是好多水啊。在3、4月浇水，有时刮风下雪天，如果需要到水里去堵，就到水里去堵，紧张的时候，棉被和皮衣也往水里扔，男人顾不过来，女人和老人也会跳到水里堵水。

灌溉农业用水的故事说也说不完，为了用水，村民和管水员之间的矛盾似乎无法化解；为了用水，村与村之间的矛盾更是一触即发。基于以上两点，各小组的管水员一般是有选择标准的，不是谁都可以担当的。管水员要不怕得罪人，六亲不认；要敢于制止，看到有人想占便宜，要敢于干预制止，有时甚至要动用武力；要不怕被打，武力对抗时要能扛得住。这就是贺雪峰提到的村中"恶人"，"好人"没法做这样的事。管水员手下有巡水员，各村的巡

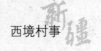

水员要五大三粗，看到别村村民在中途"偷水"（在流向该村的半路掘开口子，引到自家的田地里）要不怕打，打不怕。据村民说，在前几年，村里有人为此受伤，全村一起上，村长、支书、民兵队长带头械斗，有被刑事拘留的。为了水，为了浇地，"一袋子土豆"的中国农民会空前地团结起来。

图 2 - 2　穿越村庄的灌渠

对于村民抱怨灌溉水费偏高的问题，管水员做了如下的表述："每亩 25 元，全县是统一的。二宫村与周边比不算太高。但这个上涨速度的确有点接受不了。"

村长说："大集体时 7 元，1983 年分地时 15 元，2004 年涨到 25 元。现在则更高，以后会怎么样？电费一动，水费就涨。"

在二宫村，农田用水属于县水管站管理，灌溉水渠基本上是农村集体化时期兴修的水利工程，从山底下的水管站出来的水沿二宫村从农田中间流过，这些年来，几乎没有资金用来修建新的灌溉水渠。所谓的兴修农田水利只是在农闲时间组织村民进行小规模的维修而已，这正应了农村干部中间流行的一句话：田地分了，人心散了。公共基础设施有人利用，无人维护和管理，这似乎是一个难以解决的症结。

为了能够满足灌溉需要，2006 年，二宫村村委会争取到了一笔款项，打了 4 眼机井，修了 1.2 万米的条田渠，4 公里的防渗渠。修防渗渠的资金农民自筹大概是三四万元，收钱的方式是按一亩地交 20 元，县水电局投资 200 吨水泥。即便是这样，问题仍然很多，因此，村支书动员村委会再争取经费，准备继续做，毕竟，灌溉水是二宫村农业的命根子。

有人提出让村委会筹钱打一些井，以缓解灌溉用水的紧张，由于地下水位的下降，原来打 20 到 30 米就可以出水，现在要打到 100 米左右的地方，才能到水层，因此，打井的费用上涨得也厉害，开掘一口井最少也得 10 万元以上，而且打井队不一定能打到水层上。钱花了，不出水的情况在其他村就发生过，这不仅仅对辛苦筹来的资金是一种浪费，村民对组织打井的村委会会持一种怀疑的态度。所以，村委会组织打井其责任与风险比较大，许多村委会抱着多一事不如少一事的态度，不愿意做。

80 年代末，二宫村一带私人开始打井，现在村上已经打了 6 口井，有些有积蓄的村民开始走联合出资打井的路子，这样一方面可以减轻资金方面的压力，也可以防范打井带来的风险。打出水以后，与村里灌溉水一样收费，方便村民浇水，这样，不仅给村民解决了浇水难的问题，还给自己每年带来一定的收益，十几年下来也就能收回成本。

但让农民苦恼的是，办理打井的手续费用比较高，电力公司、水利局、环保局等等，都有收费项目，本来筹钱就比较难，花在这些方面，村民大多是很不情愿的。

后来我们在霍城县 2005～2010 年重点建设项目规划中，看到在关于农村防病改水项目中二宫村有打井项目。按照文件中提到的，准备在二宫村打两眼机井，铺设供水管道，建设扶助管道，总投资 450 万元。如果计划能够实施，两口比较大的机井（按照资金投入的额度，是出水量比较大的机井）能够在一定程度上缓解二宫村村民的水荒问题，这也是暂时解决二宫村灌溉农业的出路。

由于农区的广阔，村民灌溉基本上采用大水漫灌的方式，大水灌溉也带来许多后遗症，土地的盐碱化就是最大的挑战，土地盐碱化使土地的收益下降，甚至没有办法耕种了。二宫村周围有新疆生产建设兵团农十师，有些连队在搞滴灌农业，据说水的利用效果比较好，用水量也不大，节水效果比较好，但前期投资比较大，每亩地大概需要 1000 多元的设备投资费用。许多村民认为不太可行，这"不太可行"里边就包含着中国农村中土地的使用权和所有权问题的一个深层次问题，村民总觉得，土地属于国家的、集体的，我只是一个使用者，能种就种，不能种就丢弃，撂荒，出外打工，或许出路更加宽广，村民缺乏对土地的长远打算。没有经历过大灾荒的年轻村民，不会将自己的感情和希望全部倾注在几亩土地上。

第五节　一组管水员——大辣子

在二宫村一组作问卷调查时，许多群众抱怨空渠水的问题，而且明确提到与一个外号叫"大辣子"的人有直接关系，他是该村的管水员，空渠水也就是在灌溉结束以后为了保持灌渠不至于被夏季炽烈的太阳暴晒而出现裂缝，在灌溉基本结束的时候，仍然有少量的水在渠里流淌，这一部分水，水管站不再收费，基本上由管水员自行支配，算是对管水员付出劳动的一种补偿。管水员分配这部分水的时候，自然有所偏向，既然是由自己支配，给谁不给谁，给多少，管水员有自己的小算盘，矛盾就出现了，特别是村民看到自己家的棉花直不起腰，玉米旱了卷叶子时，把愤怒的矛头指向管水员是很自然的。

二宫村一组的管水员外号"大辣子"，是个大忙人，村支书在电话里联系了好几次，大多推托不见，我们也能理解，因为这个时节是最忙的时候。据说这管水员承包的土地比较多，忙于收获，很难抽出时间。最后村支书决定由村上的会计直接带我到他的地里去，会计自己说和大辣子是铁哥们。

管水员说起来只是管理灌溉水的，实际上，兼管着一组的所有与村上有关的事，小队原来有队长，从2006年撤销了，由于水是村上的重头戏，管水员就兼管队长的职责。在没有小队队长而直接由村委会管理小队时，管水员是有着很大权力的，在我们调研的一段时间里，就有许多人提到他，只是褒贬不一而已。

车子顺着一个干涸的小河滩一直上行，大约10多分钟以后，我们下了车，会计朝远处棉花地里劳动的一些人大喊"大辣子"的名字，很快地，他就朝我们跑了过来。40多岁，朴实的道歉中透出几分精明，他一再地解释，他刚好雇用许多人在摘棉花，但同时表示，可以腾出一个上午

谈谈村里的事。

在和他的谈话中，明显地感觉到作为一个富裕农民精明而又直率的一面，很会把握说话的分寸。

他骑摩托车率先在前面领路，在经过村前的一座无水的小桥时，他突然停下摩托车，对我们抱怨道："这小桥我们组自己组织人修了好几次，下面二、三、四组一需要灌溉水就给我们冲断，他们只知道用水就是不知道别的人还要走路，一到农忙季节每天都有大小车辆通过，已经有好几辆拖拉机在这里陷下去过，如果村上再不管的话我们就把水渠卡掉，这和下面的村造成矛盾，看你镇上管不管。"

图 2-3　二宫村一组及周边土地

这话是说给随行的镇干部和村干部听的，我们下车看了看，的确，水渠上的小桥是有点不太结实，真的在上面跑一辆载重拖拉机就会承受不住的，但下游的用水也就只能从这里流下去。按他们的说法，修建一个像样的小桥，就他们一组是没有能力的，二、三、四组肯定也不会主动出钱、出力来帮忙，如果村里不协调，或者在财力上予以补贴，这还真是个问题，看来这管水员是比普通老百姓操的心多一点。

到了他家门口，就发现他家经济实力的确比较强，3米多宽的铁大门，砖修的院墙，一条大狗直冲我们叫。院子里还有一辆摩托车停在那里，有一辆中型拖拉机也停在大门口。他院子的地面是用水泥铺就的，上面堆积着玉米，房子是砖混结构，墙面用洁白的瓷砖装饰得特别漂亮，大玻璃窗和玻璃门，院子的侧面有一排小房子，是厨房和冬天的卧室，那位村委会干部口口声声称他这儿为巴依老爷的府邸。在这村里，他的房子修得是属于比较漂亮的一类，和大部分村民一样，院子的大部分地方被一个大菜园子占据着，菜园子有着大部分农家共有的特点，各种蔬菜茁壮地长在杂草中。他自家有水井，在院子里灌溉比较方便。

房子里面布置得也不错，一组音响搁在客厅里边，冰箱、洗衣机、土暖气，卧室里的大席梦思床，这些和我去过的一位老支边阿姨家里相比有着太多的不一样。

他介绍说："我这些都是在外边打工的女儿要求置办的。家里一共5口人，两个丫头一个小儿子，最大的25岁，最小的19岁，没有读书的，大丫头现在已成家，有孩子，今年我刚好46岁就做外公了，二丫头现在在外面打工，在克拉玛依市一公司搞美容，也没有指望她挣钱，能学点本事，有个吃饭的手段就可以，再过几年她回来在清水河镇上自己开个美容店就可以了。小儿子一直想去当兵，看今年的机会，要能去就让他去当兵。今天我雇用了两个本村的，摘棉花，摘一公斤一元钱，一个人平均一天可以摘得40公斤，这几天人手少，很难找得到人的。"

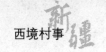

作为管水员主要是协调好村民的用水，给水管站收好水费，报酬从浇水的每亩地里抽取两元。据他说："这方面的报酬太低，明年不想干了，每年为水的事和村民吵架，总有人想多浇点，看到自己的庄稼那样干旱，谁都心里急躁，那时候的人就特别容易发火。由于使用大水漫灌，有的人就在地里下工夫，而且，有的人也偷水，你在下游放水，有人就在上游掘开口子往自己地里放水。"

同时他也表示："水管站给一个村里的总水量是有限制的，不可能完全满足所有人的要求，因此每年为了浇地，村民之间矛盾大，和管水员之间矛盾也大，干这事最没有意思。有人说，管水员有报酬，像他今年这样的收成，管水那点收入有几个，农民嘛，主要踏踏实实好好干，过上好日子问题不大的。"在整个谈话中，这位精明的管水员将我提的问题轻描淡写地做了回复，将更多的话题转向如何发家致富方面。

第三章 生产状况

第一节 产业结构调整

新疆土地辽阔，光温条件利于发展农业，新中国成立以来一直是我国农业大省区。新疆地区生产总值由 1952 年的 7.9 亿元增加为 2005 年的 2604 亿元，增长了 328 倍，高于全国的平均增长速度（270 倍）；农林牧渔业总产值由 1952 年的 4.63 亿元增加为 2005 年的 831.06 亿元，增长了 178 倍，远高于全国的平均增长速度（85 倍）。新疆农业的快速发展，为新疆的稳定、发展作出了巨大贡献。

二宫村周围原来就是很好的牧场，后来由于哈萨克牧民在 1962 年大量外逃，以及垦荒土地的开发等原因，特别是 60 年代前后，草场资源逐渐缩小，乃至消失，原来游牧的哈萨克族牧民逐渐过上定居的农业生活，部分牧民以代放、代养的方式到山上去放牧了。因此，农业成了村里的主要产业，而且由于灌溉方便，种植的作物品种也比较丰富。

在包产到户以前，当地以种植小麦等粮食作物为主，但土地承包到个人手里以后，农民开始按照自己的想法又几乎按照自己的计划来安排农业的生产。经济作物逐年增多，特别是棉花和甜菜的产量在该村种植的比重有所增加。

表 3 - 1　被调查村民种植业构成

单位：亩，%，户

内容　　农作物	面　　积	所占耕地比例	户　　数
小　麦	228	22.2	19
玉　米	395	38.4	38
蓖　麻	108	10.5	13
蔬　菜	20	1.9	3
棉　花	119	11.6	14
甜　菜	107	10.4	8
林　地	43	4.2	5
黄　豆	8	0.8	1
合　计	1028	100	48

在调查的 48 户村民中，有土地面积 1028 亩，小麦、玉米占 60.6%，其他总共占 39.4%。在种植业中，粮食作物所占的比重很大，产值较高的经济作物比例比较低，但近几年还是有所增加，例如蓖麻、棉花、甜菜等作物。

在该村村委会，关于种植业构成的一份产业统计表中，我们看到和所调查的村民填写的有所出入：

表 3 - 2　二宫村产业统计表

单位：亩，%

内容	小麦	玉米	棉花	林地	其他	合计
面积	1615	2530	2690	1200	6192	14227
比例	11.4	17.8	18.9	8.4	43.5	100

数据来源：二宫村村委会产业统计。

　　该村的产业统计表表明：二宫村 2006 年土地总数为 14227 亩，其中棉花的种植面积 2690 亩，占其中的 18.9%；小麦和玉米占 29.2%。两者之间的数据和比例出入较大，但大致可以反映出该村种植业方面更倾向于经济作物的趋势。

图 3-1　丰收在望的油葵

　　从种植业产品的结构来看，粮食的种植面积比例还是有点大，小麦和玉米占其中的 60.6%（村委会统计 29.2%），油料占 11%，蔬菜占 1.9%，糖料占 10.4%。在整个市场价位中，粮食的价位是最低的。二宫村村民蔬菜的生产由于没有形成规模，外边很少有客商来，基本上是自产自销，甜菜的产量大，附近有糖厂专门收购，销路有保证。其中被周围村子看好的番茄生产几乎没有形成规模，在 5 公里之外的清水河镇就有一家加工能力强的番茄加工基地，每年由于原料不足需要大量从其他地方购入。

　　有一些村民做得比较好，在自己的承包地中以经济作物为主，例如油葵、番茄和甜菜的种植为主，或者突出玉米的种植面积，虽说其中有一部分的产量不大，但较高的经济价值使得土地的效益大幅度提高，和单一种植小麦或者平均分配土地种植面积（对市场缺乏分析，抱着一样不行还有其他的补缺）的村民相比经济上优势还是比较明显的。

在这50份问卷中，其中有7户村民有畜牧业方面的收入，占所有调查者中的14%。2006年年底牲畜存栏数3719头（只），其中绵羊2619只、牛1100头，当年出售948只绵羊、274头牛（从农经站统计表中获得），商品化率分别是36%和25%，这个数字是比较低的。

在农业的五类产业中，农业还是该村的主打产业，由于二宫村附近山上有着优质的草场，本村又有擅长放牧的哈萨克族好手，所以想搞点畜牧业收入的村民，大多给哈萨克族的放牧者付"代牧金"。这种方式，民间业已存在，因此，适当地提高牧业的生产比例是有可能的。

就整体而言，二宫村的农业产业结构还不尽合理，产业结构的不合理是直接导致农民收入难有增幅的主要障碍。

第二节　农业生产

新中国成立以来，新疆的农业现代化程度是走在前列的，新疆农业资源结构的特征是人少地多，劳动力供给短缺。因此，机械技术开始使用在全国都是比较早的，特别是新疆生产建设兵团大批量的大型机械的应用，机械化水平达到85%，大大高于全国平均水平，农业现代化水平在全国都处于领先地位。其次，灌溉农业是新疆农业的特征，兵团的 1500 万亩土地基本实现节水灌溉，其中 500 万亩实现滴水灌溉，有些农产品从播种到收获全程实现机械化作业。高技术新技术也已大量采用，一台采棉机一个秋收阶段可以采 4000 亩土地的棉花；种植方面现在已经发展到"点播"技术推广的时代，实行"一穴一粒"的精量点播技术等。但像二宫村，由于资金、技术的问题，高新技术在农业生产方面还难于实施。

在新疆，虽然地广人稀，人口密度不到全国人口密度的 1/4，但是人口分布很不均匀，自然条件较好的绿洲，人口稠密程度与我国东部地区相差无几。因此在家庭承包责任制下，农民经营土地规模小，难以形成较大的规模经营，面对激烈的市场竞争，处于无力应对的状态。而且，截至 2006 年年末，在自治区常住居民 2050 万人，而 1950 年人口总数为 420 万，50 年间增加了 3.8 倍，人口增长率居全国前列。人口的增加和人均耕地面积减少之间，承包权长期不变与调整承包面积的矛盾越来越尖锐，加上缺乏土地使用权的继承和有偿转让的相关政策，农民对土地无法做出长远打算，不愿投资，产生了对土地掠夺性使用的短期行为。特别是近几年，农业是受冲击最大的行业之一，作为弱势产业的农业，将面临生存与发展的严峻挑战。

二宫村也逃脱不开人多地少的命运，该村村民人均土地不多，自家的土地并没有连成一片，自家经营小块土地的比较多。由于近几年来人口数量的增加，大家庭变小了，土地也随家庭的分散在家庭内部进一步得到了分配，人均拥有土地的面积在原来不足的基础上递减了，使得有些家庭在生产方式上做了调整：一部分人放弃了土地，把自家的土地出租，举家在外打工；一些人有偿承包了别人家的

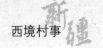

图 3 - 2　成堆的蓖麻

土地，使得土地的规模更加集中化，部分地实现了土地的中小规模经营。在二宫村有村民承包的土地达到 20 ~ 30 亩，集中种植棉花、番茄或者甜菜。作为产棉大区的新疆，棉花有专门的部门来收购、加工和经营，因此销路方面是有保障的。镇上以及周围新疆生产建设兵团团场的一些制糖厂可以收购村民种植的甜菜为原料进行加工。在清水河镇农夫山泉建立的番茄加工基地，可以对番茄就地消化，制成番茄酱供出口。

　　近年来随着化肥用量的增加，农家肥少，甚至被弃之不用，土壤肥力逐步下降，另外农药、地膜等价格一涨再涨，农产品价格涨幅不高，形成恶性循环。

　　据村民讲："在 70 ~ 80 年代，一亩地 5 公斤化肥，现在要 70 多公斤。没有化肥，就没有收成。"

　　一位村干部也说："化肥是 80 年代开始大规模使用的，包产到户后不好买，要走后门。90 年代后，保证供应。现在不用化肥不会种地，地馋了，化肥越用越多。兵团一亩地用到 50、60 公斤，我们这儿用 40 公斤。农家肥的庄稼好吃，化肥对土地的影响说不上。农药也越打越多，各种病虫有抗药性，按规定打 10 克，就得打 20 克，弄不死。农药超标。虫子的适应性强了，连续用相同的药，有时不起作用，不换药不行。"

为了让土地增加收成，化肥和农药在农业生产中成了必备品，农民的语言里边明显透露出对农资供给的不满。大部分村民将农资的上涨理解为政府行为，认为减掉农业税后，通过农资价格的上涨又收回去了。

一位村民说，"政府应该不要让农药、化肥涨价，上涨的价格比以前的提留还多"，村民看问题就看实实在在的，从口袋里出去了多少，又装进去了多少，用减法就看得出来，他不想去区分哪些是政府惠农行为，哪些是市场自觉行为。

由于农业的小规模集中，一部分人从农业中走了出来，其中跑运输的，做生意的也是一个不小的群体，也有的人开始购买农业机械，用以赚钱。现在二宫村全村有小车共 8 辆，小型载货车（小东风）1 辆（四队），小四轮拖拉机 120 台，主要用于农业生产。农业机械 1104、1204（机械型号），二宫村一组拥有 8 台，二组拥有 4 台，四组 2 台，全村总共 14 台。除了自己使用以外，主要用于村里、村外生产，以收取服务费，有了大型农业机械，村民的劳动强度大为降低。

二宫村多数人家有拖拉机，也有几家合买一台拖拉机的，这要看自己家里土地数量的多少，二宫村一组的农民在经营自家不多的几亩土地的时候，大多承包了其他村村民的土地，因此有的家庭就有几十亩地。二宫村一组的管

水员拥有两台拖拉机，一大一小，全村摩托车大概 150 辆，摩托车基本上是家家户户都有的，其中 15% 的家庭有 2 辆，主要是去清水河镇、县城和下农田时用的。虽然机械的使用比较广泛，但在棉花和甜菜的收获中就没有办法使用机械了，需要大量的人力。除了一组以外，其他的几个组相对来说机械就少一些。

村支书认为：主要是一些维吾尔族群众对于种植业技术掌握得不太熟练，有时候花的时间一样多，在一样的土地面积上，生产出来的粮食和经济作物的产量却不一样。

随着人口的增多，土地的相对数量大大减少，人均土地面积的减少，需要精耕细作的方式进行农业生产。这一切，对于农业方面经验不足的维吾尔族和哈萨克族等民族的农业群众来说就是一个难题，特别是二宫村所从事的这种灌溉农业，要有资金上的投入，包括灌溉用水，肥料的使用。在农资上涨的年代，小规模的土地经营直接导致的是收入低下，一部分群众就操起经商的老传统，不经商的大多出外打工，一年的收入比经营自家的几亩土地收益上要好得多。

村支书说："三组的少数民族要比二组和四组的经济状况好，做生意的多，村里生意做得较大的有三四家，资产等估计有上百万元，主要是搞牛羊育肥、牛羊皮毛，水果、干果、蔬菜，什么快就做什么。东到内地各省，西到哈萨克斯坦和其他中亚各国。"

农民的收入是任何一个关心农村发展的人最关心的问题。前几年农民收入，按照村委会的报表，去年村民的人均收入 4320 元，今年要 4900 元，根据观察这个数据比较准确。具体到各民族的收入，民汉基本差不多，大部分维吾尔族村民也开始学会种棉花、蔬菜等。在做生意方面，少数民族比汉族还好，清水河镇的贸易比较发达，比邻中亚各国，民汉混居，信息灵通。二组、三组维吾尔族人多做生意，二宫村没有实业家，但商人多，许多人将生意做到周围的哈萨克斯坦等国，一方面语言交流上障碍不大，另一方面，许多维吾尔族和哈萨克族在这些国家有亲戚和朋友，各方面条件比较成熟。

二宫村土地产出的商品率比较高，除了自家留用的，基本上都出售了。二宫村的牧业商品率不是太高，有一些上了年纪的哈萨克族村民甚至还存在以家里牛羊的存栏数来衡量自家所拥有的财富多寡的习惯，而不喜欢将其出售，因而会错过最佳的销售时机。

在西北地区的小村庄，养殖业生产、林果业、运输、饮食、商业很难形成规模，村民不会将身家性命托付给一个方面，因此，为了应对风险，往往会在各产业间均衡发展，以达到"春粮夏补、夏粮秋补"的效果。

在20世纪五六十年代这一带是以牧业为主，在1962年的哈萨克族大规模的边境外逃中，许多哈萨克牧民越过中苏边境，带着自己的家畜，逃往苏联。二宫村地处伊犁地区前往哈萨克斯坦或苏联的通道上，据当地老人讲，当时外逃时二宫村周围的哈萨克牧民也跟风出逃，大量牧民外逃，二宫村的牧业逐渐开始被农业代替了。

现在二宫村牧业主要是以为别人代牧和圈养为主，这个村子，每一家的院子都特别大，但大多数人嫌麻烦，而且，许多村民坚持"家有万贯，张口的不算"一说，大院子里，只是种点菜，大部分没有家畜，拥有家畜的以哈萨克族和回族为主。商品化率不高，大部分村民不太喜欢在

图 3 - 3　圈养过的绵羊

家里搞养殖。

村里能称得上养殖户的包括：养鸡 1 户（2000 多只鸡）、养猪 3 户（共养 200 多头）、养牛 4 户（养 100 多头牛，主要是育肥、屠宰）。在二宫村搞养殖的几家经济情况都可以，二组和三组有几户家资相当雄厚，玉米主要用于出售或者供养殖户使用。

二宫村的林果业规模不大，其中不多的几户，以自产自销为主。有小规模的运输业，全村有三轮车 20 辆，主要是在镇和村之间来回供人乘用。

整个二宫村，就一组的村头有一家商店兼代餐馆和澡堂子，主要是农忙期间为外乡前来打工的季节工准备的，就餐价格比镇上的低得多。当然成本也低，季节性开张，不用为此缴纳管理费和税费，餐馆的老板就是商店的店主，一位 50 岁左右的汉族妇女，丈夫去世了，她一个人经营着小商店。据她讲几个孩子也各自成家了，生意也不好做，一组的商店就她的最大，货物琳琅满目，各种日常用品，烟酒糖茶，小型农具。村民一般在重要节日前，才来澡堂子洗澡，我们在她家小店里调研的第二天是肉孜节，所以前来洗澡的多为维吾尔族和哈萨克族村民。

第三节　劳动力转移

中国是一个农业国度，历代的统治者对农业的重要性大多有着清醒的认识，但农民却一直是社会的最底层。新中国成立，土地收归国有，分配给农民使用，但此后，户籍制度的实行，让农民进入城市就成了一件很不容易的事。共和国对农民给予了很高的政治礼遇，但他们作为经济上的贫困者的命运依然没有改变。新中国的三大阶层：农民、工人、干部，工农属于领导阶级，但城市里工人在福利方面的优势到20世纪80年代中后期依然是让农民十分羡慕的事，"好好学习，长大以后才能当工人、当干部"成为农民鼓励子女脱离农业劳动的口头禅。

新中国成立后的几十年，即便是有再多的农村富余劳动力，也只能待在原地。一方面农业的传统生产方式不会流出太多的剩余人员；另一方面城市提供不了巨大的劳务市场。而且一旦城市不能容纳多余的工人，出路依然是回到农村中去，在二宫村就有当年从新疆的八一钢厂"放下来"的工人。

城市居民下放到农村，即便是当年在城市里被打成"右派"的，去农村接受劳动改造时，农村以它的博大，农民以他的热忱大都接纳和保护。如今进入城市的农民却遇到诸多的麻烦和冷漠。不过新中国成立以来的城乡二元政策，使得城市在后来的发展中没有为面积巨大的贫民窟所

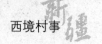

拖累，这似乎又是一件幸事。二战之后新兴的发展中国家像印度、墨西哥、巴西等由于大批农民涌入城市而形成的贫民窟，使得城市的发展举步维艰。

随着 80 年代改革开放的步伐，年轻的农民渴望外面的世界，在城市里寻觅着自己的坐标，农民工这一新的名词出现了。到底对农民工怎样才能下一个比较完整的定义，说法比较多。有人给出这样的说法：是指有农业户口身份的工人；指从农村进入城市，依靠替雇主工作为谋生手段，但不具备非农业户口的社会群体。由于我国至今未对户籍制度做出重大改革，直至 2005 年，这一群体基本上没有工会组织，几乎没有任何权益保障，更不能享受因为城市经济发展带来的社会福利。"农民工"成为这一制度之下的特殊群体，也是城市被雇用者中劳动条件最差、工作环境最苦、收入最低的群体；同时也是中国产业工人中人数最大的群体。

农村的基层干部一个心思地想着怎么将多余的劳动力转移出去，许多自然条件差的地方将其作为农村脱贫的唯一手段。在新疆，由于少数民族在语言及生活方式等诸多方面的原因，村民很少出远门打工。有些少数民族学者更多的是从其民族性及传统的习惯上予以解释，这种解释似可成立。一位研究维吾尔族的学者讲：由于新疆部分地区现代化的冲击力度不大，少数民族在传统上不太注重积累财富，基本上不为"物所累"，外加上新疆农牧资源的丰富，有种"今天用完明天还会有"的念头。

据前去南疆调研过的同事说，有些农村地区转移到天津等大城市的维吾尔族和哈萨克族农民工，不太习惯于流水化作业，中途回家的多。但随着近几年周围其他民族的影响出门打工的也相当多，但多是就近的季节工。一位哈萨克族村民将自家土地全部出租，租金收入不高，一家人以打季节工为主，收入微薄，但对生活比较乐观，和他交谈就会发现，他对生活没有任何忧虑。

二宫村外出打工的人数也不少，而且村委会对出外的农民工有比较粗略的统计，从统计中看得出，汉族和回族的数量大于其他民族，时间上也长于其他民族。村委会的统计是不完全的，在具体的调研中特别是对一组村民的访谈中，村民表示：基本上是家家有人出外打工，甚至不止一位，但二组、三组、四组相对较少，女性出外打工的比例更少。

表3-3 外出打工有关的问卷统计

单位：人，%

内容	选项	人数	比例
本人是否外出打工	没有	33	66
	出去过一次	6	12
	出去过2~4次	6	12
	经常出去	4	8
	无效问卷	1	2
	合 计	50	100
子女是否外出打工	没有	34	68
	出去过一次	2	4
	出去过2~4次	4	8
	经常出去	6	12
	无效问卷	4	8
	合 计	50	100

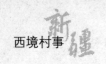

续表

内容	选项	人数	比例
子女出外打工地点（多选项 无合计）	内地城市	2	4
	新疆城市	13	26
	新疆县乡镇	4	8
	农村	3	6
子女出外打工的好处（多选项 无合计）	增加家庭收入	26	43.3
	培养个人能力	6	10
	增长见识	11	18.3
	有利于子女教育	3	5
	说不清	13	21.7
	没好处	1	1.7
子女出外打工哪些方面不好（多选项 无合计）	工作辛苦	9	15.8
	生活水平低	2	3.5
	受当地人歧视	6	10.5
	生活不方便	7	12.3
	工资水平低	4	7
	不利于子女教育	4	7
	说不清	16	28.1
	没有坏处	8	14

我们将这个村子劳动力转移的情况和所调查的其他村子做了比较，发现二宫村在劳动力转移方面明显低于周围的其他村子，在问卷中本人没有出去打工的占整个统计的66%，子女没有出去打工的占68%。这主要是基于以下几个原因：第一，可能家里的经济条件比较可以，也不太需要通过打工来赚钱。第二，该村少数民族多，一部分村民在汉语的交流上有障碍，出门打工很不方便。我们在该村填写问卷时，我问旁边的一位中年人（维吾尔族）能否填

一份问卷，他说可以。的确，刚开始的几项关于年龄和民族等比较容易，但到后来就填不下去了，关于我的描述，他会做出不一样的理解，他所描述的，我又会错误地理解，别人一份问卷用半小时填完，我和他之间用半小时只完成了其中的 10 个问题。像这种情况如果出远门打工就是件很麻烦的事情。

在子女出外打工地点的选择上，在新疆各城市的要比在内地城市的多，一方面主要是有个环境适应的问题，许多少数民族的青年在语言上问题不大，而且有一些人汉语说得相当流利，但生活环境很难适应，比如清真的饮食习惯等等，另一方面新疆地域广阔，使得前去内地很不方便。

打工有什么好处，对于这一问题，大部分村民认为增加家庭收入是主要的原因，这一比例高达 43.3%，解决经济上的窘困是出门打工的首选；另一方面就是增加见识，村民深深地意识到，缺乏对外面世界的了解是贫困的根源之一，"不能让孩子们像我一样与土地打交道了"，脱离土地上的劳动，是对自己子女向外发展的动力之一。至于觉得子女打工不好的选项中，工作辛苦、受当地人歧视、生活不方便所占的比例较大，这更多的是家长对孩子的爱护之心所致。因此，创造各种途径让农村剩余劳动力转移出去，不仅对个人家庭有着重要的意义，而且对整个民族的发展有着一定的意义。

第四章　村庄社会发展

第一节　基础设施建设

饮水难、行路难、住房难、读书难、看病难，被视为农村的"五难"。改善农村面貌、加强农村基础设施建设、建设社会主义新农村是国家"十一五"规划的重要内容。2006年以后，新农村建设成为社会主义现代化建设的重中之重。中央明确要求要加强农村道路、饮水、沼气、电网、通信等基础设施和人居环境建设，加强教育、卫生、文化等农村公共事业建设。

2005年伊犁出台《州直2005年小城镇小康村建设实施方案》的通知中，提出的小康村建设标准是：（1）建设规划完善，经过法定程序审批并实施。（2）砖混、砖木住宅比例达到85%以上，新建住宅达到抗震设防要求。（3）村庄主、次干道沥青铺装率达到95%以上，设置路灯，其余道路全部高标准砂石化。（4）有安全、卫生、可靠的供水设施，自来水入户率达到95%以上，有适宜的污水排放系统，生活垃圾集中收集，定点填埋，供电设施安全可靠。（5）设有三室（广播室、图书室、文化活动室）、一场（体育运动场）、一所（医务所）、一园（幼儿园），有配套的社会公共服务设施。（6）村容村貌整洁卫生，环境优美，绿化覆盖率达到 35% 以上。这里有很大一部分与新农村建设中的要求一致。

由于新疆的许多地方属于新建的居民点，基础建设的规划比较合理，据村里的老人讲，农业学大寨时，当时的自治区书记王恩茂对农村提出过五好：好道路、好条田、好渠道、好林带、好居民点。有的村组当时就作了规划，要求村中道路四通八达，前后左右都能走出去，房舍区划比较严整。但到后来，农村的管理力度有些倒退，农村建设无人管理，而村民却尽力扩大自己的院落，尽量占据村中道路，使得村里的建筑格局出现了混乱，但真正要改造，困难并不大。附近的西卡子村就属于这种情况，70 年代末，这个村的村支书就作了大体的规划，现在做的只是对村中道路的硬化和村民院子围墙的整理和粉刷问题，不存在村民的拆迁，因此被列入新农村建设的示范村。

但具体到二宫村，要达到村容整洁却还有很长的路要走。首先，二宫村建村早，为了出行方便，居民居住格局基本上是按照村里的一条大道两侧分布的，在各个院落之间的小巷道宽窄不一，只有村中间的一条大道比较宽阔，这种格局给二宫村后来的发展带来了一些麻烦。

二宫村居民的住房以土木、砖木和砖混三类结构为主，新建砖混结构因为有柱子（有砖、混凝土和钢筋）支撑，抗震性能还可以，但是许多土房子，由于年代较为久远，基本上就没有任何抗震功能。在一组一位 60 年代前来援疆老阿姨住的房子，房子顶部中间下陷得厉害，看来要安全过冬都有些难度。

1973 年该村打出了第一口生活用水水井，这个水井现在还在使用，不过水位下降了 5 米，水量明显减少。目前，二宫村没有自来水，各村组有一个水塔，地下水被抽出来以后，储存在水塔里，在一定的时间段集中供水，放水的时候，需要水的村民就前来，用水桶或者其他的器皿往家里拉水。

图 4 - 1　岌岌可危的水塔

这样用水不太方便，后来家家户户就开始打水井，这种家用小井，基本上一家一口，家用水量不太大，一般打 20 ~ 30 米的水层上，一口井要 700 元，由于家家打井，灌溉也需要用水，水位逐年下降。有一些村民的水井已经没有水了，不出水的井要年年再往下挖一挖，才会有水，有的挖 3 ~ 5 次，一年要花 300 多元（每次 150 ~ 200 元），这是一笔不小的开支。和城市里普通市民自来水的年消费量相比，一些村民的花费还要高，这是环境恶化对村民生活造成不便的直接影响。

据村支书说：

自来水一定要通的，今年准备打报告要求通自来水，村里集体经济薄弱，所以筹措资金就是个大问题。……整个村子要解决人畜饮水工程，从开沟挖渠到铺设管线粗略地计算一下，大致要上百万元，才可以解决全村的吃水问题。

在村集体负有债务的情况下，这是一个大数字，至于被县政府列入大机井计划，村支书所抱的希望并不大。

二宫村一组的水塔从外观看上去有点破败不堪，岌岌可危，水塔顶部长了许多野草，甚至在距水塔顶部 3 米的地方有两棵小树苗颇为苗壮。塔顶的水不断地往下滴，水塔周围也不停地往外渗水，一根粗大的铁管子从水塔里伸出来，到集中供水的时候，铁管子下就排满了接水的人。后来大多数家庭有了小水井，前来取水的村民就相对较少了。由于水塔有点倾斜，村民用一根粗壮的木头撑在一侧，以防止倒掉。接水过程中，渗出的水形成了脏兮兮的水坑，遍布水塔周围。更让村民担心的事是下边老有小孩玩，按照村民的说法，此事给村上反映过好多次，迟迟没有回应，一位村民抱怨："是不是这破水塔倒下，才能引起村委会注意，砸伤人到底谁负责。"

进村的主干道上是沙土路，老百姓描述为晴天是土路，路边水渠的水涌上来就是泥路。和周围几个村庄相比较，二宫村的道路路况是比较差的。据村干部讲，在他们上高中的时候，道路就是这个样子，这么多年来由于村里没有资金，也就没有变化。

二宫村的二、三、四组居住比较集中，距离国道比较近，而且村中道路被平整过，路的两侧修了水渠，路上几

乎没有临时搭建的建筑物和柴草堆。据村主任说这样做主
要是为了争取农村基础建设资金，为进一步修整做准备，
二组的村民对于村中马路的平整热情比较高。但是，一位
维吾尔族村民悄悄地说了一句话："这条路本来是可以修得
更好，村干部给吃掉了，所以就只能修成这样子。"

从二宫村村委会到一组还有一段两公里长的路程要走，路
况的确不太好，因此对该村一组的村民来说，出行就是个问题。
水渠里的水在流动不畅的时候，就会全部溢到路面上来，村民
要去二宫村或者清水河镇要么骑摩托车，要么骑自行车，村里
也有人跑三轮车，3元的乘车费，让许多村民感觉颇为不便；
让上学的小学生走那么远的路，家长也不愿意。因此在整个二
宫村，一组村民对于路的抱怨要比其他组多得多。

特别是其中的一位三轮车主，将生活中的不愉快全部
发泄到路上，他提出："村里的路应该由政府承担修整费
用，某某村的道路是水泥路，政府掏的钱，人家的村书记
为老百姓办事，我们的（干部）能干个啥？"

图 4-2　二宫村的主干道

他认为，政府不投资修路，是村干部没有去争取的结果。我们在后来了解到他说的村子的确是由政府资助修建了村中水泥路，而这个村子是新农村建设的一个样板村，县政府之所以确定那个村子为新农村样板村的一个主要原因是：村子的规划本来特别整齐，改建起来也比较容易，不存在大量拆迁的问题，更重要的是那个村子的经济状况比较好。在村庄的改建中，该由村民承担的资金部分基本上可以筹集起来，而二宫村一组村里不宽的道路上，村民随意搭建的临时建筑物比较多，柴草堆放比较普遍，这样凌乱的道路整治起来问题还是比较多的。

随着社会的发展和村民生活水平的提高，电话的使用已经在农村比较普遍了，特别是有家庭成员在外打工的，电话就是最为重要的联络工具。据村民讲，十年前，村里刚有第一部电话的时候，很难想象在不多的几年之后，手机成为村民比较普遍的通信工具。各个小商店里也有公用电话，收费合理，比较方便。村民对自己电话的铃声也有自己的喜好，年轻人以流行歌曲为主，维吾尔族大多以维吾尔歌曲为自己的来电铃声，但也有以港台歌曲设置的，一个维吾尔族姑娘手机里飘出的就是周杰伦的歌声，在和她谈到会唱多少维吾尔歌曲时，她回答，会唱的很少，但她会唱周杰伦的歌。

第二节 文化与教育

伴随着计划经济向社会主义市场经济转变的重大社会转型和生活方式的变迁，农民的文化生活也发生了历史性的变化，在坚持主流文化的前提下，精神追求呈现多元化。

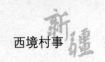

然而，现有农村的媒介消费结构相对单一，有数据表明，农民接触不同传播媒介的比例为：电视 95.7%、报纸 17.2%、广播 12.2%、杂志 13%、互联网 16%。

在其他文化设施落后、文化活动贫乏的情况下，农民接触最多的文化载体就是电视了。近几年，霍城县在电视广播的基础建设上做了较大的努力。据报道：2006 年在霍城县北山坡建立起来的大功率发射塔，使得广播电视覆盖全县 90% 以上的人口①。

二宫村的村民除了每年有出外打工的，村民了解信息的渠道主要就依赖于电视了，该村汉语频道的节目来自霍尔果斯台、清水河镇台、霍城台、伊犁台主办的 6 个频道，少数民族语言有霍城县电视台主办一个维吾尔语频道，伊犁州电视台主办的一个哈萨克语频道。二宫村由于受到诸多因素的限制，对于这样一个维吾尔族和哈萨克族聚居的地区，收到的维吾尔语和哈萨克语节目时间极为有限，维吾尔族村民和哈萨克族村民对此意见较大，电视文化对农民精神追求的影响体现在方方面面。由于电视的冲击，电影行业市场化的影响，农村电影处于停滞状态，据二宫村的村民讲，看电影是十多年以前的事了。

按照伊犁州 2005 年关于转发《州直 2005 年小城镇小康村建设实施方案》的通知，小康村的建设中必须要设有三室（广播室、图书室、文化活动室）、一场（体育运动场）、一所（医务所）、一园（幼儿园），有配套的社会公共服务设施。据后来的报道，2006 年以来，霍城县到"科技书屋"

① 《霍城广播电视覆盖率达 90% 以上》，霍城县人民政府公众信息网，2007 年 3 月 21 日。

图 4 – 3　陈列图书的图书室

读书的农民已达 8 万多人，在"科技书屋"充电已成为当地农民茶余饭后的一种习惯①。

但我们在二宫村看到的却不是这种情况，该村村委会建有一个农民图书室，在村图书室里，几个书架上摆放着大约 200 本书，图书室的中间有一张阅览桌和几张椅子，从桌子上的尘土可以看出，几乎就没有人前来就读了。据村委会干部介绍，图书室的书都是各处捐献来的，有关党员读本和形势政策的读物是镇上下发的，从这里可以看到农村文化建设的滞后性，似乎捐献者也有草草完成捐献任务之嫌。因为这些书基本上是 20 世纪的书，而且基本上与农村没有联系，捐献者或许并不知道这些书是捐出来做什么用的，书架上有《99 年高考英语辅导习题汇总》、《电脑实用技术》、1998 年版《老北京》、《九届人大资料汇编》、《股票常识》、《摄影知识》、《新免疫疗法》、《财务制度手册》、

---

① 《科技书屋到农家》，霍城县人民政府公众信息网，2007 年 6 月 13 日。

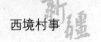

《猪病防治常识》1981 年版的，这 200 多本书里只有不多的几本养殖和种植方面的书，但出版年代大都已经很久远了。这样的书在那地方即使放一万册，对村民到底有多少帮助呢，这种局面如果不改变，图书报刊在农村并不能成为获取信息的主要来源。

报刊架子上挂着报纸和杂志，报纸有两份：《新疆日报》、《伊犁日报》，杂志三种：《新疆风采》、《党建》和《半月谈》。村委会干部讲，这几种报刊每一年要花去 900 多元，农民很少前来看，主要是《新疆日报》和《伊犁日报》的投送不方便，这些报纸大多是每一周或者半月集中送一次，所以有人说，农民订的日报只能叫周报或者半月报了，报上报道的许多新闻村民早就从电视上了解到了，因此村民私人没有自己主动订报的。

附：莫让乡村阅览室成摆设

前段时间，笔者下乡采访经过某村，发现阅览室书架上的图书报刊乱摆乱放，上面还布满灰尘，像是很长时间没人翻阅了。笔者禁不住感叹，莫让图书成摆设。

近年来，各地十分重视发展农村科技普及，购买订阅了大量科技图书报纸。许多部门也纷纷向基层单位赠送，大大丰富了农牧民对科技文化的需求。然而一些乡村却存在着一边是科技报刊无人问津，一边是农牧民科学技术严重缺乏的问题。如何让科技报刊发挥应有的作用，是一个急需认真对待和解决的问题。

在此，笔者建议在农村通过对农牧民开展系列读书看报活动，提升农牧民读书学习的热情；发挥村文化服务站和农技员、村干部的作用，引导农牧民学文化、学科技；

同时，建立相关科技档案、目录和借阅制度，以方便农牧民阅读；根据本村农事，利用现有报刊有针对性地开展培训或利用晚上农闲时间组织读书读报交流会，用科技成果推动现代农业发展。

乡村阅览室成摆设，不是硬件设施和图书种类少的问题，而是人的思想问题，只有让农牧民意识到报刊图书的重要性，才能充分发挥出村级阅览室应有的作用。

2009 - 09 - 15　张伟民　伊犁新闻网

新疆和平解放以前，新疆的学龄儿童入学率只有19.8%，少数民族教育更是处于十分薄弱落后的状况。新中国成立以后，在加强民族地区教育的同时，也加紧对少数民族教育教学进行改革。双语教育就是其重大举措之一，所谓"双语教育"就是指我国有自己民族语言文字的少数民族学生，在基础教育或义务教育阶段中享有本民族语文和汉语文两种语言文字的教育权利，因此在学校中并列实行本民族语文和汉语文教学的教育体制，这种教育体制叫双语教育①。

双语教育经历了举步维艰初级阶段、稳步发展阶段和目前的快速推进阶段三个大阶段，现在基本上已经成熟。特别是在认识到学习语言与年龄之间的关系后，于2005年年底"双语"教学"从小抓起、从教师抓起"的指导思想在新疆维吾尔自治区得到了确立。

2004年年底，全区已在52所中小学开办了946个双语教学班，共有学生35948名。2005年，双语教学班总数已

---

① 盖兴之：《双语教育原理》，云南教育出版社，1997。

增加到 4505 个，就读学生达到 145138 人。全区的"双语"班从中学办班下移到了小学、拓展到学前阶段，由城镇办班延伸到了乡（镇），许多地区的"双语"授课班已从数、理、化三科使用汉语授课发展到除母语课外，其他学科均使用汉语授课的新模式。

清水河镇全镇现有 16 所中小学（2 所中学，10 所小学，3 所附设初中班的小学，1 所私立小学），初中教学班 14 个，小学教学班 117 个，在校小学生 8275 人，正式教职工 556 人，代课教师 61 人，16 所学校和 5.7 万的总人口相比较相对来说有点紧张。

二宫村学校是一个双语教学的典型，1954 年建校，据说霍城县教育界的许多领导就是从这所学校里走出去的，这令该校的校长十分自豪。

表 4 - 1　被调查村民的文化程度统计

单位：人,%

内容	高中	初中	小学	文盲	中专	大专	总计
人数	2	20	19	6	1	—	48
比例	4.2	41.7	39.6	12.5	2.1	—	100

在所调查的 50 户村民中，户主是高中文化程度的 2 户，占 4.2%，文盲或半文盲占 12.5%，在所调查的 4 个村子中文化程度是最低的，而且集中在二、三、四组。相对来说二宫村的少数民族家长对于教育的重视程度不够，在以前，一个孩子在成长到可以放牛、放羊的时候基本上就不再上学了，当然现在随着生活条件的改善，只要到一定的年龄，出外打工或者做生意是其主要选择。这也不排除一部分家长，为了孩子能够接受较好的教育，举家到清水河镇或者

霍城县条件较好的学校周围，一边打工，一边陪孩子上学。

从村民对教育的态度来看，对孩子的教育还是比较重视的。该村一组，有一位村民原来是跑车搞运输的，后来出了一次车祸，在理赔中，无奈地卖掉了车子，出租了所有的土地，现在跑三轮赚钱养家糊口，就是在这种情况下，他还是想方设法让两个孩子继续上学，以完成学业。按照他的说法，自己吃了没有读书的亏，现在决不能亏待孩子。从二宫村学校里转学到清水河镇的学生数量来看，也可以反映出村民对子女的教育是比较重视的。但学校教师对此有自己的看法，学校认为农村教育最大的问题，就是教育理念、意识的转变。

图4-4　二宫村学校做操的学生

其中一位老师说："农村对教育的不重视，首先反映在农民身上，但更重要的是村委会也不支持我们学校，他们可以盖49万元的村委会（这是基层组织建设专项费用所建，笔者注），学校得不到一点支持，对于教师来说，每年

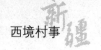

的教师节上，一点慰问品也没有。好像我们的行政领导还没顾上农村教育，包括教育局。全县 90 所，80% 在农村，基础设施很薄弱，资金的投入极不到位。"

表 4 - 2　关于自己的孩子学习其他民族语言数字统计

单位：人，%

内　容	选　项	人　数	比　例
可否愿意自己孩子学习其他民族语言	不愿意	12	24
	愿　意	32	64
	无所谓	4	8

表 4 - 3　被调查村民中愿意让自己孩子学习哪一种语言

单位：人，%

内　容　　民族及调查人数	汉　语		维吾尔语		哈萨克语		英　语		俄　语	
	人数	比例	人数	比例	人数	比例	人数	比例	人数	比例
维吾尔族（26 人）	13	50	—	—	1	4	4	15	1	4
哈萨克族（1 人）	1	100	—	—	—	—	—	—	—	—
汉　　族（19 人）	—	—	5	26	—	—	11	1	5	1	5
回　　族（4 人）	—	—	2	50	—	—	1	25	—	—

　　愿意让自己的孩子学习其他民族语言的比例高达 64%，有些汉族家长也愿意让自己的孩子学习其他少数民族语言，这可能是少数民族地区特殊环境所致，掌握两门语言在新疆意味着更多一份机会。许多维吾尔族和哈萨克族人前去哈萨克斯坦做生意，在语言上没有任何障碍，这让许多汉族村民羡慕不已。想让自己的孩子选择哪种语言时，许多维吾尔族人选择的是汉语，大致有 50%，在许多维吾尔族家长将自家的孩子由民汉合校转向汉校就是一个很有力的佐证。

第三节　二宫村学校

二宫村学校坐落在二宫村二组，和村委会隔一条马路，是一所有着悠久历史的民汉合校教学单位，1954 年为县直属民汉合校学校①，已有 60 年的历史了。学校为了便于管理，分为民语部和汉语部。

表 4 - 4　被调查村民希望自己的孩子能进民汉合校学习统计

单位：人,%

选　　项	人　　数	比　　例
同　意	33	69
不同意	2	4
说不清	13	27
合　计	48	100

表 4 - 4 所示，有 66% 的村民认为自己孩子进入民汉合校，可以使孩子在以后的发展中选择面更宽广，这是件很有意义的事。

二宫村学校现在全校有 41 名教职工，其中少数民族教职工占 49%。维吾尔族教师有 14 名，哈萨克族教师 2 名，主要用维吾尔语上课；22 名汉族教师，1 名回族教师，主要使用汉语授课。

2007～2008 年，该校初中部有教师 8 人，其中 5 位女教师；年龄分布合理，26～30 岁 1 人，31～35 岁 4 人，

---

① 民汉合校，是在原来的民族学校与汉族学校合并的基础之上实施双语教育，提高少数民族地区的教育质量，促进各民族之间的共同发展，使各民族达到文化、心理、情感上的融合。

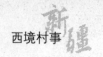

41~45 岁 3 人。小学教师共 27 人，包括行政人员 1 人；其中少数民族教师 15 人，汉族教师 12 人；在少数民族教师中，维吾尔族 13 人，哈萨克族 1 人，回族 1 人。学前班有 3 名专职教师，2 名维吾尔族，1 名汉族。

为了推进新疆"双语"教学工作，从 2003 年至今，国家和自治区投入汉语、双语师资培训经费 1.3 亿元（其中自治区投入 5700 万元），已培养、培训少数民族汉语和"双语"教师 1 万多名，其中安排 6385 人参加国家、自治区级的"一年制"双语培训。培训工作取得了一定的成效，接受培训教师成为各地推进"双语"教学的重要力量。

二宫村学校先后有 12 名参加了县级汉语水平培训班，并且全部拿到了 HSK 汉语水平考试的证书，2004 年选派一位维吾尔族老师参加了全国双语骨干教师的培训，这些教师基本是该校双语教学骨干。

表 4-5　被调查村民认为双语政策好，积极推广

单位：人，%

选　项	人　数	比　例
同　意	39	81
不同意	2	4
说不清	7	15
合　计	48	100

认为双语政策是一项好政策的占到 78%，认为双语会对自己民族语言有影响的，只占所调查人数的 4%。

校长表示："该校小学和学前班的双语教学任务比较重，其中有 15 人担任少数民族语教学任务，维吾尔语班人数少，大部分维吾尔族学生在二、三年级就加入到汉语部

学习，12 名承担了小学汉语部的全部课程的老师任务大，小学汉语部开了十多门课，许多教师兼课，而没有一位音体美专职老师。甚至初中部有些学科存在老师短缺现象，如物理、计算机、音体美老师。为此，学校聘请伊犁师院的大三实习学生各一名担任物理、数学教学任务，专业知识方面没一点问题，只是经验差一点。民族教师都是清水河镇的。本村的民族教师仅 1 人。由于上汉语部的少数民族学生逐年增加，造成了学校民语部超编 2 人，汉语部缺编 3 人。"

　　学校教师的缺乏，直接影响到学生的数量，家庭条件好的，就去清水河镇一中、霍城县四中上初中。初一、初二较稳定，初一有 40 个学生，初三转到清水河镇一中或县四中的多。

图 4 - 5　乘坐三轮摩托前来上班的老师

　　据该校教师讲："转走的是学习相当不错的，这个学期初三转走了 6 人，4 人去了一中，2 人去了四中。许多家境困难的回族和东乡族在该校读初中的多，大多学生抱着拿上初中毕业证，就去上个技校的态度。"学校的这种说法在学生中也得到了证实。

按照义务教育法规定，九年义务教育必须要完成，也就是说，学生在九年义务教育阶段是不容许辍学的，但在该校的调查中发现，一至三年级少数民族学生生源比较稳定，到六年级或者初中辍学的人数就比较多，维吾尔族初中生辍学现象还是比较严重的。

2004 年以前，上学费用高，辍学情况特别严重。有的时间段和年级段上 70% ~ 80% 辍学。只有 10% ~ 20% 可以持续完成初中毕业。2005 年"两免一补"政策开始实施，免杂费，一部分贫困学生课本费免收，2006 年开始，课本费全部免除。现在的收费项目有：作业本费，小学生 5 元，中学生 10 元，教辅书，还有保险公司的学生人身保险，全年初中最多 150 元，小学不超过 100 元，其中包括同步练习册费用。"两免一补"政策解决了一部分家长经济上的负担，对义务教育的发展起了很大的作用。

据校长讲："今年辍学的学生不多，按名单看只有 2 个，六年级一个维吾尔族学生，和初三一个回族学生，学校为此发出了入学通知书，劝他们回来入学，其他转出去到外地入学了。"

表 4 - 6　2007 ~ 2008 年初中女生和少数民族学生的统计情况

单位：人

学生　　　年级	女　生	少数民族学生
一年级	10	15
二年级	16	13
三年级	7	7
合　计	33	35

在初中学校女童的在校比例占 1/3 多，少数民族比例占
到全校的 1/3 多，在后来的调查中，我们发现，少数民族女
生仅 13 人，占全校的 1/8。随着初一到初三学习人数也越
来越少。二宫村学校女童教育令人担忧。

表 4 – 7　2004～2007 年初中部学生按民族分类统计表

单位：人, %

	合计	维吾尔族		哈萨克族		汉　族		回　族		其　他	
	人数	人数	比例	人数	比例	人数	比例	人数	比例	人数	比例
招生	37	1	3	3	8	22	59	10	27	1	3
毕业	26	1	4	—	—	22	85	3	12		
在校	94	1	1	5	5	59	63	26	28	3	3

资料来源：二宫村学校统计。

表 4 – 8　2007～2008 年初中部学生按民族分类统计表

单位：人, %

	合计	维吾尔族		哈萨克族		汉　族		回　族		其　他	
	人数	人数	比例	人数	比例	人数	比例	人数	比例	人数	比例
招生	24	—	—	—	—	20	83	4	17	—	—
毕业	39	—	—	—	—	32	82	7	18	—	—
在校	90	—	—	2	2	71	79	16	18	1	1

资料来源：二宫村学校统计。

从 2004 年到 2007 年各民族学生在招生人数和毕业班人
数上均有所增加，一方面是对子女教育比较重视，更重要
的是中小学生两免一补政策的实施所致。

该村维吾尔族人口占 51%，但在学校里，维吾尔族学
生的比例却很低。许多维吾尔族家长说："虽然政府有好多
免费，也有内地班供孩子上，但现在上个大学，也不分配，
找不到工作，倒不如早早地出去打工挣点钱。"这和前面校

长所说的辍学率低之间有出入。但在少数民族中回族对子女的教育也是比较重视的，人数和比例均超过维吾尔族和哈萨克族学生人数。

表4-9 二宫村学校小学部学生统计

单位：人，%

人数及比例 年份	总 数	少数民族		汉族学生	
		人数	比例	人数	比例
2002	422	312	73.9	110	26.1
2003	369	264	71.5	105	28.5
2007	251	225	89.6	26	10.4

资料来源：二宫村学校统计。

小学部占该校学生人数的比重较大，在2002年达到422人，以后逐年递减，特别是汉族学生在2007年只占小学部总人数的10%左右。学校解释为：该村大部分学生，家庭条件许可的就去清水河镇、霍城县条件相对好的学校，由于是民汉合校，不管是少数民族学生家长还是汉族学生家长均对学校的教学质量颇有微词；出现数量递减的另一个原因是计划生育政策的深入，许多汉族青年丢弃了原来的重男轻女观念，最多要两个孩子。在这一统计中，少数民族学生比例和该村的少数民族人口比例基本相当，所以，辍学现象大多发生在初中。

2005年到2007年，汉族学生比例由10%降到4%，少数民族学生比例上升到94%。女童入学情况比较令人满意，基本上接近入学人数的50%。表中数字还可以反映出少数民族学生从三年级开始，人数逐渐减少的现象。可以推测出：除了转学、择校以外，辍学情况时有发生。在此后的访谈中，适龄儿童辍学现象得到了证实。虽然有义务教育法，但真正要解决学生流失问题，还有很多棘手的事。

表4－10 小学部各年级统计报表

单位：人

		合计	女生	一年级	二年级	三年级	四年级	五年级	六年级
2007～2008学年	合　计	251	114	49	45	47	35	42	33
	少数民族学生	225	101	47	45	42	28	37	26
2005～2006学年	合　计	272	123	76	51	46	38	28	33
	少数民族学生	216	97	68	41	41	27	19	20

资料来源：二宫村学校统计。

表4－11 按教学语言分类统计

单位：人

	招生	一年级	二年级	三年级	四年级	五年级	六年级	合计
汉语授课	21	21	17	19	15	15	17	104
维吾尔语授课	28	28	28	28	20	27	16	147
合　计	49	49	45	47	35	42	33	251

资料来源：二宫村学校统计。

二宫村学校是一个民汉合校学校，"双语"教育是该校的特点，上汉语班的学生数字基本上是稳定的，上维吾尔语班的学生在三年级以后有所减少，这表明有些少数民族学生通过汉语语言关，转到了汉语班上课。关于双语课的设置，按照县教育局的安排，双语学前班，学两年，大班和小班。经两年学前教育，学生进入双语一年级。数学课与汉语班一样，用汉语上，维吾尔语课以及其他课程都用维吾尔语，计算机课用汉语上。目前只有一年级数学用汉语上，其他课都和以前一样。目前，有在校学生412人，少

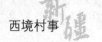

数民族学生占学生总数的47%。

许多少数民族家长愿意让孩子上汉语一年级,可以让自己的孩子早点接触汉语,他们认为双语班教师都是维吾尔族,教学能力不强,他们担心孩子在四年级或者五年级上汉语班时,学习成绩会落后,因而,每年9月少数民族学生想上汉语一年级的要占到少数民族学生的60%~70%。为了保证进入汉语班能够适应汉语教学,学前班的学生都要经过测试,是否完全上过学前班,汉语流利的才可以上汉语一年级,其余上维吾尔语班。以前只有清水河镇有学前班,如果没有上过学前班,汉语流利也可以上汉语班。少数民族学生上汉语班似乎成了一种趋势。这几年许多上了民校的学生在大学毕业以后就业的困境,让许多家长觉得孩子上汉语班和汉语学校,更有利于孩子的发展,这对这所学校的维吾尔语教学发展有一些不利的影响。

校长告诉我们:"如果报名限制取消,可能会让维吾尔语班萎缩,民语部一班最多能有七八个学生。"少数民族学生上民语班的发展趋势让这位校长很担心。

自治区制定了2006~2010年扶持伊犁等地区开展农村学前"双语"教育的方案,全力推进七地州学前"双语"教育工作,二宫村学校就是其中的受益者之一。学前班是双语授课,免学费,只收取课本费,有3个代课老师,汉族老师代数学课,两名维吾尔族老师代维吾尔语课,教育局给老师发400元一个月,这几位老师待遇低,工作量却不少。

由于学校条件艰苦,学校教师队伍不稳定,编制缺是一种普遍现象,这种现象不仅在二宫村有,整个清水河镇就缺编50~60人。伊犁师范本科的毕业生一般会被县城学校(江苏中学)聘请,几乎没有分配到村级学校的可能。由于清水河镇经济比较发达，从更偏远的乡镇调来的有经验的老师，在暂时进不了霍城县中学的，就先到了清水河镇各中学落脚，等机会成熟再转到县城里，村级学校是留不住人的。即便是刚进来的教师，一旦在教学上比较成熟，并有其他门路，很快就会调到条件较好的学校。该学校上一年就调走了两位有经验的老师，今年又有3位要离开，一位借调进来的、两位大学生实习（今年冬天，实习期一到就走）。这三位老师走掉，如果县教育局不考虑填补，要想不落下学生的课程，就只有其他老师兼课了。

2006年度，该校没有英语、物理教师，请了一位中专学历的教英语，数学老师代物理课。

图4-6 二宫村学校的微机室

校长说："学校有6个教师在2007年8月提交了调动申请书，可能教育局里边有门路，在教育局的直接安排下，3位的手续已经办妥了。另外3位到学校工作不到3年，调动

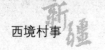

条件不太充分，清水河镇镇党委没有通过调动函，不过那只是个时间问题。想走，就谁也留不住的。"

二宫村的学校基础设施比较落后，办公室严重不足，没有图书室和食堂。除了3个住在附近的老师，其余都在镇上，没有老师临时休息室，没有交通补助，所以和镇上教师相比每月要多花200元，主要是吃、行（坐车，冬天一天4元）费用。学校经费紧张，在元旦和教师节发一点过节费，大至几十元。教师工资属于财政拨款，平均1300元/月，班主任费低，一般按上的学生多少计算，以前0.5元/（人·月），现在1元，这些款项均由学校自筹。以前学校没有水，经过努力，县教育局给了1万元，镇党委、政府、红十字会等各方筹了些钱，现在学校打了一口80米深水井，基本上可以解决用水问题。

少数民族对自己孩子通过学习来改变自己的生活的期望值还是比较大的。从下面的问卷统计（表4－12）我们看出，有72.5%的少数民族家长希望孩子能进入内高班学习（2000年，由内地部分经济发达城市举办内地新疆高中班，少数民族学生占90%。截至2008年，全国已有28个城市50所一类中学承办新疆内高班），而且这些家长对孩子的教育本来就比较重视。

表4－12 关于自己孩子进内高班的调查

单位：人，%

内　容	人　数	比　例
同意进内高班	29	72.5
不同意进内高班	2	5
说不清	9	22.5

　　学生家长对学校的意见主要集中在两点：第一，学校的教学质量不高，会耽误孩子的前途。第二，学校的勤工俭学。

　　2007年该校的中考升入高一级中学的在22人中只有8人，升学率为36%。对于这一点，校长解释为："哪年师资好，就考得好。去年一年没有英语、物理教师，找了个中专学历的教英语，数学老师代物理课。要不然，这一届初三至少有十五六个能够升入高中，升学率就会在70%以上。"

　　按照校长的说法，升学率低的主要原因是教师缺乏，的确对于一个毕业班来讲，缺乏有经验的老师，要想提高升学率是相当费劲的事。但按照教师和学生比例来看，16个学生拥有一名教师，其比例应该不是太低的。但教学质量不好，导致学生大量转学、择校，使得该校的生源急剧下降。

　　除了对教学质量的抱怨以外，更多的意见就是学校开展的勤工俭学。2006年8月自治区出台的《关于加强中小学勤工俭学劳务活动管理的意见》中规定，新疆各中小学只能组织学生从事三大类劳务活动：一是教育部门及学校劳动实践基地的生产活动；二是采摘劳动，含拾甜菜、摘红花、摘啤酒花、摘西红柿、摘玉米、摘水果、摘棉花等；三是捡拾劳动，含拾酒瓶、易拉罐、废旧报纸等。同时规定小学三年级以下（不含三年级）不安排勤工俭学劳务活动。小学三年级以上劳动时间为每学年7天，中学（含初中、高中）的劳动时间为每学年14天。同时，将学生的劳动态度、劳动效果、掌握知识和技能的情况，记入学生成绩册，作为升学、升级、奖学、助学和评定"三好学生"的依据。所以，每年秋季，新疆维吾尔自治区上百万学生勤工俭学拾棉花活动是一道独特的风景线，也是家长关注的主要话题。

学校通过拾棉花活动，意在锻炼学生体质，培养学生热爱劳动的意识，同时也可以增加学校的收入。新疆财经大学是首府最早开始组织拾棉花的高等院校，从 2003 年起，该学校就不再组织学生拾棉花了。取消的主要原因是勤工俭学期间，团场提供的生活环境较差，学生、家长有强烈的抵触心理，这种勤工俭学方式很难起到对学生教育的作用。

高等院校的学生尚且不太适应艰苦的环境，小学生的感觉可想而知，特别是视孩子如宝贝的父母抵触心理就更为强烈了。二宫村村民的反映更是如此，勤工俭学在一些学生和家长眼里成了一项"痛苦"的任务，二宫村学校每年大约有两万元左右的收入来自学生拾棉花所得。

校长说："冬季的烤火所需的煤主要靠这部分收入来解决。"

但村民却不这样认为，一位村民抱怨："他们孩子刚到四年级，只有 10 岁，去年采摘西红柿，大约是半个月，回家看到西红柿就想呕吐。"

今年拾棉花，每一个学生每天要求 29 公斤，每公斤按照 0.9 元开给学生（拾棉工每公斤 1.2 元），完不成任务的，就得加时间干活。在拾棉花的过程中，在炎热的太阳底下，孩子们喝的是大桶冰凉的纯净水，吃的也极为简单，如果离家不太远，有的爷爷奶奶陪同劳作，以减轻孩子的劳动强度。学生回家给父母描述带队教师的行为，让许多家长极为不满，比如：劳动期间，教师只在地头转转，并有呵斥孩子的行为。

　　甚至有家长认为：棉农给学校有回扣，以延长孩子们的劳动时间等。对于在劳动期间耽误的课程，学校采取回校集中补课，这让基础较差的孩子很难接受，等等。

　　一位维吾尔族老人说："俗话说了嘛，再穷不能穷教育，再苦不能苦孩子。可新疆产棉区的孩子就是苦嘛。"为此对于这项劳动实践，一些家长帮孩子完成任务、学生交钱买"任务"、施"苦肉计"开病假条等现象比较普遍。而且直接导致学生对生产劳动的厌恶心理，每次在参加完勤工俭学活动之后，家长在旁边灌输："好好学习，考不上大学，就得天天过这种日子。"由此，孩子在这种观念的支配下，可以直接推出这样的结论，好好读书可以摆脱繁重的体力劳动，甚至可以过上轻轻松松的日子，似乎劳动不是一个太好的概念，甚至是为人所耻之事。但热爱劳动确是一种美德。

第四节　医疗卫生

　　农村的医疗卫生状况一直是人们谈论的一个话题。提高占我国人口 70% 以上的农民的医疗健康水平，就能从根本上提高全国人民的医疗健康水平。自 20 世纪 50 年代，农村合作医疗就开始了，加上后来的农村"赤脚医生"，虽说农村医疗在一个比较低层次的水平上运行，但基本上覆盖了广大农村。到 80 年代，我国原有的农村合作医疗制度发生了重大变化，1997 年以后在不少地方基本陷于停顿。2002年中央发布了《中共中央、国务院关于进一步加强农村卫生工作决定》（中发［2002］13 号）和《国务院办公厅转发卫生部关于建立新型农村合作医疗制度意见的通知》（国

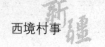

办发〔2003〕3 号）的文件以及《新型农村合作医疗培训讲义（试用）》（2003 年 9 月），这一系列文件和后来的新农村建设的有关政策结合在一起，极大地改善了农村地区的医疗卫生状况。

新疆正式启动这一工程开始于 2003 年，新型合作医疗制度试点工作首批确定的是于田、麦盖提、乌鲁木齐县、玛纳斯、富蕴等 5 个农牧民县，2007 年，新疆新型合作医疗试点县达到 79 个，占全区县（市）总数的 94.05%。

伊犁州新型农牧区合作医疗试点，继 2004～2006 年伊宁县、尼勒克县、察布查尔锡伯自治县、新源县之后，2007 年又有伊宁市、霍城、巩留、特克斯、昭苏 5 县市进入新型农牧。霍城县共设置了 20 个定点医疗机构，其中 4 个县级定点医疗机构，16 个乡镇定点医疗机构，各个定点医疗机构设立新农合服务窗口，派驻"新农合"专管员，专门为参加新型农牧区合作医疗的农牧民提供优质医疗服务和补偿给付。并建设了 90 所标准化村卫生室，为 90 所村卫生室统一配备了诊断观察床、诊断桌椅、出诊箱、血压计、高压消毒锅、针头毁形机等医疗设备。每个村卫生室按照"五位一体"的服务功能，配送 2～3 名村医。同时，为了让没有乡镇级卫生医疗机构的（县城附近、清水河镇和良繁中心）参合农牧民也能享受乡镇级的补偿标准，该县在县江苏医院、妇幼保健站、中医院、县第二人民医院和良繁中心专门设置了 5 个综合门诊部，专门为参合农牧民提供医疗服务。

新型农村合作医疗保险在资金的筹集上，通过国家补助一部分、自治区配套一部分、财政划拨一部分、农牧民自筹一部分的方式进行筹集。农牧民只需每人每年交费 20

元，大病就可以得到保障，如果当年不用，可以滚存和继承。参合农牧民在缴纳合作医疗基金后，凭《新型农牧区合作医疗证》、户口本到定点医疗机构就医，按规定享受医疗费用的补偿。补偿住院费实行分级补偿，在乡（镇）卫生院住院补偿标准为 100 元以上，县级医院住院补偿标准为 300 元以上，县级（不含县级）以上医院住院补偿标准为 600 元以上，住院费补偿比例为乡级 60% 、县级 50% 、县级（不含县级）以上 40% ，每人每年补偿封顶线为 10000 元。参加新农合农牧民属于有计划的正常住院分娩的每例给予 300 元补助，病理性分娩按照住院报销比例执行。目前，该县农牧民已缴纳参合基金 300.8 万元，参合农牧民达 15.4 万人，参合率达到了 75% 。

表 4 – 13　农村新型合作医疗保险是否实施

单位：人,%

内　容	人　数	比　例
实行了农村新型合作医疗	46	94
没有实行农村新型合作医疗	2	4
不清楚	1	2

在二宫村农村新型合作医疗已经开始了，这一问卷旨在发现是否还有人不太清楚这一开展的新生事物。在 49 份有效问卷中有 3 份问卷填写的是没有实行和不清楚，在听完解释之后，才会有"听说在搞"这样的话语，而实际上已经一年了，只是一部分村民没有参加罢了。

在二宫村，参保人员大约是 70% ，在新农合实施之前，二宫村 4 个组基本上每一个组都有一个私人医疗诊所，一般的小病在本村就可以解决。有大病，如果家庭经济状况不太好，那只能是一拖再拖，除非万不得已，直接进入县、州医院去治疗的不多。

2005年二宫村建立了村医务室，这也是霍城县投资的90个村级卫生所之一。整个卫生所面积大约15平方米，诊断观察床、诊断桌椅、出诊箱、血压计、高压消毒锅、针头毁形机等医疗设备齐全，规章制度齐备，但药品种类不多，基本上是一些常用药，但都能明码标价。卫生所现在有4个工作人员，2名医生，2名护士，这4位以前都开私人诊所，2005年年底村卫生所建立，他们被整合吸收到医务室。现在4个人的主要收入由两部分组成，第一，每人每月80元，由诊所发；第二，4个人搭配组合成两组，值班当天的收入，除去成本两人平均分配。医务室的日常水、电、煤等由村上负责提供。按照规定：值班医护人员早上10：30上班，下午7：30下班。为了限制医生开大处方和保证药品的质量，"新农合"政策规定药品统一购进，以日常用药为主，村民合作医疗的报销部分只能在一个月后领到。按照规定，医生一次只能给病人开3天的用药，大部分是五六块钱的药量，属于自主经营，自负盈亏，整个村子每月营业额平均有1000多元。

表4-14 村民对农村新型合作医疗的态度

单位：人，%

选　项	人　数	比　例
很好，很欢迎	27	55
制度好，但老百姓能否真正有实惠	18	37
缴的钱多，承担不起	1	2
其他	3	6
合　计	49	100

从理论和现实情况来说，新型农村合作医疗是一项惠及农民的大事，农民对这一政策的态度至关重要。在调查的 49 份问卷中，有 55% 的村民认为这制度很好，主要原因是其亲人、邻居或者其亲戚中，有人在这一过程中已经受益了，他们从别人或者自身的感受中觉得这一政策是"很好，很欢迎"的。其中有 37% 的人认为政策是好的，但是否老百姓能真正受益，这里边有对政策落实到地方时是否会变味的疑惑；也有人在参与过程中，觉得不划算，例如有人每年交了钱，但是没有生病，觉得钱是白交了。有人按照要求前去取药时，发现只是常用药，或者常用药比其他药店里的价格更高等。其他原因中主要包括对这一政策的理解上有误解，对报销医药费的程序上没有搞清楚，因此对这一政策产生了反感，甚至觉得有上当受骗的感觉。

村民 MHM 告诉我们："我在清水河镇上买的感冒药就比在村里医疗室的便宜 5 角钱，我觉得这就不好，不过，听别人说住院报销的多，以后再看看，明年觉得可以我就加入。"

据医务人员 MYW 讲："以前由于群众感受不到合作医疗的好处，通过已经参与者的经验，今年的参与率将会有较大的上升。"

除了村民面临的困惑外，村诊所的管理方式也存在问题，比如两个人一组管理上很不方便，有不开处方私下发药的，以致一个月下来盘点药品时有短缺现象，两人相互怀疑，产生了不信任。再有诊所医务人员的收入太低，也使得医生很难安心本职工作。据诊所 36 岁女医生 MYW 讲，她毕业于伊犁卫校，1993 年开诊所的，一个月能够有 1000 元的收入，现在的收入比以前少多了。关于使用的药品，

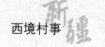

只要在合作医疗项目内的药品价格低廉，超出这一范围的价格才会有所上升。每个月 80 元的补贴，还要到几个月以后才能领到。现在的医疗所有 4 个人，有一个来自清水河镇，两位是原来的"赤脚医生"（民间医生），4 个人中有 1 名是维吾尔族。

家住二宫村一组一位医生 WHD 对现在农村的医疗体制极为不满，据他讲："人多了就是不好好干事，农村合作医疗实施以来，我被整合到了村卫生所，但有人通过关系，到原来的一组开诊所，而我由于不可以再以私人的身份在家里行医，加入村卫生所使我的收入下降了好多，还不如回一组继续开我的私人诊所划算。"

但就目前的情况来看，这一政策在实践中还需要加以修正，截至 2007 年，伊犁州试点县增至 9 个县市，参合农牧民 112 万人，平均参合率达到 85%。随着农牧民参合率的提高，中央财政及地方财政的配套补助标准也分别有所提高，从伊犁州卫生局提供的资料来看，截至 2007 年 5 月州直农牧民自筹合作医疗基金 2129.78 万元，县级财政补助资金到位 800.24 万元，给农牧民共补偿就诊资金 1278.21 万元。

第五节　社会保障

霍城县的贫困特征如下：沿山一带居住的较多；维吾尔族、哈萨克族、回族贫困人口较多。贫困人口居住比较偏僻，贫困的主要因素有：缺乏生产资金、劳力等致贫的，因病致贫和因教育举债致贫现象增加，近几年来自然灾害频繁发生、环境恶劣致贫现象也频繁发生。全县有 8 个重点贫困村，没有列入重点贫困村的贫困人口数量也不少，全县有实际贫困户10807户，其中少数民族9309户，绝对的贫困户3548户，有残疾人户数450户，户主为妇女的799户。贫困人口47447人，0~6岁的2244人，60岁以上的3856人。在二宫村，村民的贫富差距比较明显，从所住房屋外边就可以感觉到这一点，有的房子是典型的农村平顶砖混小楼房，外贴漂亮的瓷砖；有的是几十年的土木结构的房子。

根据村民和村干部的说法，二宫村贫困原因大致有以下几种：

第一，地少人多，土地收入的不足使得一部分人在发展中没有资金方面的支持。二宫村的村民中能够参与家庭联产承包土地的，最小年龄也多是二十五六了，80年代初他们年龄比较小，按照人均一份的份额分到了土地。但在20年后，大多数人到了谈婚论嫁的时候，由于遵循"增人不增地，减人不减地"的原则，结婚后，爱人是不可能将自家的土地带来的，一年后，自己生儿育女，基本上是两胎，少数民族可以生3胎，原来一个人的土地现在要养活4至5口人，原来人均10亩地，现在只能是人均两亩了，人均收入因此大为减少。二宫村的民兵连长就是他们中的典型，今年40多岁，爱人及两个孩子共4人，在分家时就给他一个人的土地份额，也就是4个人靠他一个人的地，生活很困难，在二宫村这样的人口占40%。

第二，在家里如果孩子在初中毕业后就出去打工，而不进入高一级学校学习的家庭，其经济状况比较好，否则因教育而陷入贫困就紧接着发生了。

第三，在二宫村由于家庭成员身患重病而陷入贫困的，有几户，但比例不大。

关于如何治贫方面，该县在 2005～2010 年准备实施的扶贫项目有：在贫困地区实施良种牛繁育、引进、推广项目（计划投资 270 万元），贫困重点村的良种牛羊养殖项目（投资 190 万元）。在劳动力的培训方面：鉴于绝大部分贫困户双语能力差，拟在 3 年内，投资 100 万元，对 2 万多贫困人口进行语言、农业实用技术的培训。在产业化扶贫项目规划中有：千亩蔬菜产业化项目（总投资 3600 万元），6 个特色产业建设项目（投资 3600 万元，其中申请国家资金 3000 万元）。为了实现脱贫，地方政府也想尽了各种办法。

二宫村附近的兰干乡实行"铁畜制"，也就是将该乡牧场上交的 3 万元换成 200 只优质母羔羊，每年选拔 20 户贫困户，每户发放 10 只。第二年，领羊的贫困户向乡里上交 3 只母羊，第三年、第四年均上交 5 只母羊，4 年后剩余的羊全归贫困户所有，上交乡里的母羊及 200 只优质母羊连续 8 年不断投入到扶贫当中。

县政府计划的扶贫项目在二宫村没有安排，因为还有更贫困的村子要求予以扶持；同时该村也没有自有资金用来自行发展。村里有 50 多户属于扶贫户，政府每年给几袋面粉（大约 400 元）和一些衣服等，刚刚展开的农村最低生活保障制度可能会将每一个村都拉到范围之内了，但政策才在实施初期。2007 年，中央政府在全国范围建立起了农村最低生活保障制度，将符合条件的农村贫困人口纳入保障范围，重点保障病残、年老体弱、丧失劳动能力等长年生活困难的农村居民，主要目的是为那些遇到困难的人提供最低生活保障。

从 2007 年 7 月起，新疆全面启动农村最低生活保障工作，确定对人均年收入低于 700 元人民币的农牧民给予补助。农村居民最低生活保障制度开始建立，2008 年新疆有131 万名特困农牧民群众享受到了低保待遇。新疆医疗救助工作发展迅速，到 2007 年年底全疆所有县（市、区）都建立了城乡医疗救助制度。2008 年，全区共救助 216.4 万人次，其中资助参保参合 122.6 万人，直接救助 93.8 万人次，支出资金 3.1 亿元人民币①。

根据自治区关于农村低保的要求，县市要求专门有 2～3 人组成的工作小组，乡镇按照每万人配备 1 名专干。县级财政解决启动经费，主要用于添置表格、建立档案、公示、宣传、培训、入户调查，在 8 月份完成。县民政局先要培训，主要培训村级工作骨干。7 月到 12 月宣传，要使之普及。通过民主选贫，张榜公示，收入测算等办法。县财政部门要按照上级部门认定的人数和配套的 30% 的资金到位，9 月份完成。

按照规定，2007 年 8 月 14 日霍城县民政局农村最低生活保障体系全面启动，将人均收入 700 元以下农村贫困人口全部纳入最低生活保障的范围，初步测算人均补差 267 元。发放农村低保金，每半年发放一次。实行属地原则；差额不出原则；保障水平和与当地经济社会发展水平相适应的原则；与现在的扶贫开发，优待抚恤及其他社会机制制度相结合原则；公开、公正、公平的原则；鼓励劳动自救，不养懒汉的原则。凡是霍城县农业居民及其共同生活的家庭成员人均收入和实际生活水平低于当地农村低保标准的农村困难居民，均可申请享受农村低保待遇。

---

① 国务院新闻办公室：《新疆的发展与进步》，2009 年 9 月。

　　同时规定了以下人员不能进入低保范围：第一，不赡养老人抚育小孩的。第二，有正常劳动能力在法定劳动年龄之内，无正当理由不参加劳动的。第三，有赌博、吸毒、违法结婚、违法收养的。第四，计划生育超生、婚丧大操大办造成困难的。第五，家有高档电器和非经营机动车辆的。第六，3 年内自建住房、购买商品房和高标准装修住房的。第七，土地撂荒离开户籍一年的。第八，家庭生活水平高于当地最低生活保障标准的。第九，不按照规定申报家庭收入，或者不按照规定参加低保待遇年度审核的。第十，县政府规定其他暂时不要列入最低审核保障范围的①。

　　按照该县关于该村低保的计算方式如下：家庭收入是指共同生活的家庭成员的全部货币收入和实物收入的总和，人均不足 700 元者纳入保障体系。程序如下：户主书面申请—村委会入户调查—村民评议—村民会议（代表大会）"民主选贫"；第一次公告—乡镇审核—第二次公告—县民政局调查审批—第三次公告—发放低保金。有七个坚持，坚持本人申请；坚持入户调查；坚持村委会审核；坚持村民代表评议；坚持政府审核；坚持张榜公布；坚持市县民政局级研究集中审批。"四不准"包括暗箱操作，优亲厚友，应付了事，平均分配。"三不纳入"包括隐性收入，民主评议，好逸恶劳。"三复查"包括对低保对象有疑点的进行复查，有分歧、有举报的复查。这种管理是动态的，一直进行跟踪调查。8 月 20 日成立了清水河镇农村低保评议领导小组。镇长亲自兼任主任，副主任由人大纪检副镇长副书记承担，成员由民政、扶贫、残疾人联合会三家单位

---

① 霍城县人民政府：《霍城县农村最低生活保障工作规划》，2007 年 8 月。

抽调人员参与组成。

二宫村共有 689 户，3603 人。清水河镇政府给二宫村的低保名额一共 86 户，经本人申请和上面所提到的一系列程序，最终确定了 4 个等次。

表 4-15　二宫村 2007 年全村低保分配表

单位：户，人，元

内容 村组	一　　等			二　　等			三　　等			四　　等		
	户数	人数	金额	户数	人数	金额	户数	人数	金额	户数	人数	金额
一组	0	7	510	1	1	275	1	1	200	1	1	150
二组	9	19	570	9	23	575	9	24	480	5	18	270
三组	3	10	300	3	10	250	5	20	400	2	6	90
四组	5	11	330	3	8	200	6	13	260	3	10	150

资料来源：二宫村村委会统计。

关于二宫村的五保户老人：在二宫村由于资金缺乏，建立一个敬老院的可能性是没有的，这些人都是 60 多岁以上的，身体有残疾的，无人照顾。全村有五保户 4 人，1 位汉族，4 位维吾尔族，生活经费由县民政局支付，每位每月给 100 元，一袋面，一年 5 公斤清油，每年村委会派妇女干部抽空去看望一下。在农村，如果没有大的疾病，有一些五保户日子过得还可以。在农村 60 多岁的老人，一般还有一定的劳动能力，农忙季节，在本村或者外村打工，收入还算可以，再加上政府每月给他有一部分的供给，生活状况比较满意。在二宫村还有一部分老人，有子女在身边，由于种种原因，子女不履行赡养老人的义务和责任，这种类型的老人日子过得最为艰难，让人看着心酸。

在二宫村村委会，我就看到了这一幕。在我和一位新农村平安建设工作队驻村干部交谈的时候，进来了一位哈萨克族老人，絮絮叨叨地诉说着什么，由于他们用维吾尔语交谈，我不清楚他们在争辩什么，后来在村干部的反复劝说下，他才慢慢地离去。驻村干部告诉我，这位老人家里的儿子不履行赡养义务，老伴有病，他本人的手臂摔伤了，无法出外打工，老人要求村委会将其列到五保户里边，予以照顾。但按照政策规定，这是不允许的，老人是有子女在身边的人，按原则不予以照顾。一旦这位老人的问题予以解决，将会引起许多人的效仿，将赡养老人的责任推向村委会。但村委会干部也表示，虽然转为五保户没有可能，但可以适当地给予老人一些物质上的帮助。

表 4-16 参与社会保障的问卷统计

单位：人，%

内　　容	选　　项	人　数	比　例
是否享受过社会保障政策	享受过	18	38
	没　有	29	60
	不清楚	1	2
享受过哪些社会保障政策	扶贫资助	3	13
	合作医疗	16	70
	教育费的减免	4	17
是否办过保险	是	9	20
	否	35	80
是否参加过保险	养老保险	1	7
	医疗保险	7	47
	交通工具保险	2	13
	其他	5	33

在社会保险方面，有几项是必须要参与的。例如中小学生的人身保险，教育费的减免方面只要是家里有学生也基本上享受了这一政策的益处，交通工具的保险方面和该村拥有交通工具的数字比例不符合，主要考虑到农村地区是交管部门清查的薄弱地区所致，除了由于经济上的考虑之外，村民主动办理保险的意识不强，特别是养老保险和医疗保险不主动。

第五章 村民生活

第一节 家庭收支

据清水河镇政府的统计，二宫村村民人均收入是4300元，在清水河镇所辖的村组里居第五位，属于全镇经济比较发达的村组。二宫村村民的主要收入来源有：第一，种植业收入（其中有粮食作物和经济作物），这是大部分村民的最重要收入。第二，外出打工的收入（包括季节工和长期外出）。第三，养殖业收入。第四，工、商经营性收入。第五，工资性收入（部分村民家庭成员在行政及企事业单位工作的，主要是国家财政支付或者企事业单位收入）。

除了做生意致富的几户，二宫村的整体状况并不是太好，如果一个农民只从种植业方面谋生的话，其经济状况肯定不会令人乐观。

表5-1 被调查居民问卷统计

单位：户，元

收入项目	户 数	户 均	总 数
种植业收入	35	12653.71	442880
养殖业收入	7	3757.14	26300

收入项目	户　数	户　均	总　数
工商业收入	4	5005.00	20020
出外打工	17	4641.18	78900
工资性收入	3	3166.67	9500
生活补贴	1	600	600
其他收入	1	3000	3000
合　计	44	13209.1	581200

在表5-1中，44户村民的总收入为581200元，户均收入13209.1元。在这44户中，有35户在种植业方面的收入比重比较高，也是其主要收入的主体，收入总计442880元，户均12653.71元。有9户没有种植业方面的收入，主要是家庭缺少劳力，或者有一些维吾尔族或者哈萨克族不愿搞种植业而将自己的土地以每亩200~300元的价格承包出去，而且，许多人一承包就是10年或者15年，由于合同存在，看到物价上涨，合同期没有到，想上涨承包价格也不可能了。

在二宫村没有大规模的养殖户，养殖业收入微乎其微，在所调查的50户居民中，没有涉及养殖户，而且大部分村民是不饲养家畜的，只有一小部分为维吾尔族和哈萨克族家庭拥有牛羊，数量少的就在自家庭院里饲养，属于庭院经济。有一定数量的，自己没有时间、经验不足的情况下，就请本村或者外村的哈萨克族村民代养代放，代养一只羊每月5元，代养一头牛每月8元。这样哈萨克村民可以发挥自己的放牧技术了，也可以有收入。夏季，一般在山上放牧，在一些牧场里，承包草场进行放养，我们无法了解到放牧的具体情况。

经营性收入主要包括：村里拥有小商店的村民的营业

性收入；在外经营小本生意的村民等，"家有万贯，不如一个杂货店"，在农村生活消费开支不大的情况下，有一家小商店对一个普通的农民家庭来说，就相当不错了。在我们调查的50户村民中，有4户村民有工商业性收入，年户均5005元，仅次于种植业方面的收入。

在有效问卷的44户居民中，户均收入13209.10元，按照50户拥有244人的数量计算，户均人口4.88人，人均现金收入2706.78元，除掉不愿露富心态有意隐瞒收入的因素外，二宫村村民的现金收入应该是在3200～3500元，这和新疆全疆农村农民的人均纯收入3150元（按照2007年农村工作会议上公布的数字），基本上是相符的。据国家统计局在2007年10月对全国6.8万户农村住户抽样调查，前三季度农村居民人均现金收入3321元[1]。

表5-1最引人注目的是有17户村民有打工收入，总收入为78900元，户均收入4641.18元，这是二宫村50户随机问卷所得的结果，外出打工已经成为二宫村村民增加收入的又一大途径，参与的农户占到有效问卷的一半。

由于生产生活资料的上涨，二宫村村民对自家的支出在填写问卷时计算得比较认真，关于支出，在发出的50份问卷中，有效问卷有38份（户），其中总支出520573元，户均支出13699.29元。整个支出中生产性支出比重最大，几乎占去了全部支出的一半。据村民反映，化肥、农业灌溉、农药、机耕费、人工费在逐年上涨，是造成生产性支出比较大的主要原因。

---

[1] 《前三季度农村居民人均现金收入实际增长14.8%》，天山网2007年10月26日。

表 5 - 2 被调查村民支出统计

单位：元，户

内　　容	总　　数	户　数	户　　均
生产支出	242680	39	6222.56
饮食支出	154718	39	3967.13
教育支出	106715	26	4104.42
医疗支出	105440	31	3501.29
其他支出	55220	20	2761.00

穿衣、电、煤、交通和通信等方面的消费支出最少，在农村，这一部分是唯一可以节省的开支，新衣服可以少买点；电可以节约使用；在冬天，煤炭价格上涨了，只要家里不是特别冷，就少用点；交通费上涨，一般不必要的出远门次数减少；电话少用自然可以节省下来。在农村有两笔开支和饮食支出一样，是必需的，这就是教育和医疗开支。在小学义务教育阶段，教育投资的比例不大，但是在升入高中或者大学阶段，对于一个农民家庭这就是一笔不小的负担，这笔开支户均 4104 元，一个孩子进入高中学习，一年两千元还是比较紧张的。在调查的 50 户中只有一户有一个孩子，其他大都两个或 3 个，教育费用是个大问题。再者就是医疗支出，如果家庭成员没有什么大病，即便是参加了新型医疗保险，户均也要近千元的开支。

关于存贷款情况，年轻人往往会顺口说出：有。而旁边的老年人马上会补充一句：有个啥，银行贷款都没有还清楚。

你再想细细探问，就什么也不说了。在二宫村，当你在一位殷实的家庭里问到现在是否有存款，是很难得到回

答的。在调查问卷中有两户填写了当年借给别人 4 万元以上，有 5 户当年的贷款没有还上，有 4 户贷款超过 1 万元，有 5 户贷款在 1 万和 5000 元之间。中国农民不显富的心理表现得特别明显。因此关于银行有无存款以及具体数目的问卷填表，不是很成功。

　　按照以上的比较，抛开村民传统的"不显富"心理，即对自家收入不太愿意如实地告诉别人，或者少报和瞒报的因素，其纯收入应该是比所报的要高一些。

图 5 - 1　维吾尔族家的馕坑

表 5 - 3　被调查村民对生活满意度的统计

单位：人,%

内　　容	选　　项	数　量	比　　例
和其他村民相比较生活水平在本村所处的位置	较　　好	6	12
	和大家差不多	23	46
	较　　差	15	30
	很　　差	6	12
	合　　计	50	100

114

内　容	选　项	数　量	比　例
是否对目前的状况比较满意	满　意	16	32
	一　般	14	28
	不　满　意	18	36
	说不清楚	2	4
	合　计	50	100
与前5年相比生活状况	更　好	34	69
	没变化	8	16
	变　差	4	8
	不　好　说	3	6
	合　计	49	100
以后生活状况将会	越来越好	35	70
	和现在差不多	4	8
	越来越差	3	6
	不　知　道	8	16
	合　计	50	100

在农村"和大家差不多"、"还可以"是日子过得比较好的另一种说法，这一点在许多村民的谈笑中得到了印证，"你都和大家一样?""他家有存款，日子过得不错"等等。较差和很差的占其中的32%，这是和其他村民的对比中对自己生活状况的直接感受。结合问卷的前半部分内容，这主要与家庭拥有土地的数量有关，在农村劳动力不发生转移，土地是唯一可以创出财富的源头，明显感觉到生活不如其他村民的，主要遇到了疾病或灾难。

对自己生活状况不满意的比例较大，占其中36%，这里或许包含着对比后的不满意，或许包含着希望使"更满意"的含义。因为有人在填写这一栏时表示出"还可以，

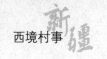
但不满意"。

在和 5 年前相比较，认为"生活更好了"的比重较大，占其中的 68%，如果没有重大变故，农村的生活状况比以前好起来是很正常的一件事。

在关于未来生活状况的预计时，70% 的人认为以后会越来越好，村民在谈论此事时，一部分人用听说这样的词作为判断以后生活越来越好的根据，"听说十七大可能有好消息"、"听说内地农村粮食直补提高了"、"听说兵团五六十岁就有工资了，我们以后会不会有？"等等。一部分人以计划明年的收成来判断。

第二节 抗震安居房

新疆地理环境复杂，局部地区各种自然灾害频繁，特别是南天山西段和北天山乌苏—精河段两个区域，是我国大陆强震活动区中较为活跃的地区，也是新疆地震高发地区。20 世纪以来共发生 6 级以上地震 105 次，平均每年发生一次 6 级以上地震。2003 年一年里，新疆境内共发生了 4 级地震 61 次，5 级以上地震 11 次，6 级以上地震 2 次。

到 2007 年，新疆有农户 251 万户，其中 80% 的房屋不符合抗震要求，从 2004 年开始，自治区将每年投入 1 亿元、争取中央财政支持 1 亿元实施抗震安居工程，本着以群众自筹为主政府补助为辅，开展抗震安居工程工作。为此，自治区建设厅已先后以维吾尔、汉两种语言编制印发了《农村民居抗震设防挂图》《农村民居抗震鉴定实施细则》《抗震安居工程质量监督检查及验收办法》《砖混砖木结构抗震构造图集》及《抗震安居工程实施方案》等技术规范，为各地工程建设提供了技术支持；大力开展技术培训，已为全区培训工程质量监督员、村镇助理员等工程技术人员和农村工匠 65000 人次，充实了工程建设技术力量，为加强工程质量管理提供了人才保障①。

抗震安居房在各地开始了建设，其效果在以后的几次地震中也表现出来了。据报道：2007 年 7 月，新疆特克斯县发生 5.7 级地震，1 万多间房屋在地震中倒塌或变成危房，但投入使用的 9330 多户抗震安居房无一受损，保障了 4 万多人的生命安全。抗震安居工程的抗震效果明显，抗震安居工程还与农村庭院改造、道路村村通、防病改水等工程结合建设，当地维吾尔族群众用上了清洁的冲水厕所，还可以用沼气做饭，十分方便。

2005 年，联合国开发计划署南南合作局官员在新疆考察抗震安居工程时表示，这项工程不仅给老百姓无偿提供施工图纸和技术指导，还给予一定资金补助，最大限度地减少地震灾害对人类的威胁，是一项很有必要的工程。关于抗震安居房，在 2008 年七届一次人大会议的小组讨论会上，胡锦涛总书记参加新疆组讨论时，对抗震安居工程做了重点强调。

中央和自治区的决心是很大的，但在二宫村搞起这项工程却有些难度。就二宫村一组来说，70% 的房子是 60 年代修建的，大多是危房，在二宫村一组的访谈中，一位中年妇女冲进来，拽着我的胳膊，要让我去她们家看看，那房子是否能再支撑的了，政府为什么不关心她们这些贫困

---

① 《实践"三个代表"重要思想　创新对口扶贫方式加快自治区城乡抗震安居工程实施》，新疆建设网，2005 年 5 月 25 日。

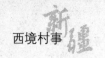

户。但在第二天，我在村里碰见她，她正在经营着一家小商店。在聊天中了解到，她们家的房子前年让水冲进去过，现在想修建房子，只是国家的补贴太低，看能否在资金上予以更大的优惠。看来村民对抗震安居工程在理解上有偏差。为了让真正的贫困户建得起抗震房，政府还推出所谓民建公助方式，即党委、政府给予农村特困户、贫困户、五保户，在不占耕地的情况下，免费划分宅基地，免费办理采伐房前屋后树木许可证，免费提供规划、设计服务等便民方式。

图 5-2　抗震安居房

按照抗震安居房的要求，所建的房子必须有水泥柱子，房顶有钢筋圈梁等，这样的房子才能达到抗震的要求。政府对建造抗震安居房子的农户补助 3000 元的材料，也就是给大约 1.6 万块砖、3 吨水泥、15 公斤钢筋。但这样一个数字要修建房子的确是不够的，这些材料仅仅可以用来修两间房子，按照该村已建成的居民房一般多是 4 间以上的，因此，要利用抗震安居工程材料自己至少要再准备其余的资金。虽然是旧房子，但经济紧张或者最近几年又不想盖房子，就不想参与，这对于正准备要修房子的村民来说倒是好事。自从抗震安居工程开展以来，二宫村已经为15户村民建起了抗震安居房。霍城县规定参加抗震安居工程的农户要缴纳1000元的押金，其中100元的管理费，房子建好在验收合格后返还900元。这样一来，能够修建抗震安居房的大多是近几年富裕起来的一部分村民，许多房子破旧无力修建新房的村民对此抱怨比较大，觉得抗震安居是给有钱或者和村委会干部有关系的人，他们会举出一两家，甚至将矛头指向这一两家人。某某比较富有，但抗震安居政策他就可以享受，我们困难却享受不到；某某和村委会干部有亲戚关系；等等。但抱怨归抱怨，真正要修建房子，自己必须要有一笔相当的积蓄才可以。

村委会干部认为：村民不愿参加抗震安居工程主要是对缴纳押金不满，因为一旦房子盖起来，只要某个方面有可能达不到标准就会被扣钱的。

按照村委会干部的说法："政府不应该像撒胡椒面一样，效果不大。"

村支书说："今年给二宫村的抗震安居是16户的名额，这比较难于落实，在一个不大的村子里，有资金建新房的家户就那么多，这16户怎么落实，有钱的不想建房子，没钱的又建不起来，政府又没有办法完全包下来。"在农村地区，缺乏一种较为统一的步骤，不像城市里的一幢居民建筑，在不符合要求时，政府适时地做出决策，再加上一部分补贴，统一改造可能会比较快，而在广大的农村地区，资金缺口太大，这样做可能性比较小。

表5-4 被调查村民居住条件的有效问卷统计

单位：户,%

内　容	调查项目	户　数	比　例
建房时间①	2000 年以前	17	65
	2000 年以后	9	35
建筑面积②	80 平方米以上	28	56
	80 平方米以下	22	44
所花费用③	2 万元以上	9	18
	2 万元以下	41	82
抗震与否	是	3	6
	否	39	78
房子内部设施④	瓷砖地面	2	14.3
	石膏吊顶	2	14.3
	木雕装饰	1	7.1
	下排水	1	7.1
	卫生间	4	28.6
建筑形式	土木结构	31	62
	砖木结构	9	18
	砖混结构	3	6

注：①部分村民认为房子一直处于维修和建设中，无法填写具体时间，所以未填写。

②按照人均面积达到 20 平方米以上为标准，以 80 平方米为界线。

③抗震安居的大致花费在每平方米 300～500 元，2 万元大致为 40～60 平方米抗震安居房的全部花费。

④问卷填写不完整所致，以问卷中反映的数字计算其比例。

　　从表5-4中我们发现，不具备抗震性能的房子占到 78% 左右，而且 2000 年以前的老房子比例很大，砖混结构的房子只占其中的 6%，具有下排水和卫生间的房子比例很小，居住状况差的村民量大面宽，抗震安居房的补贴又十分有限，真正要改善二宫村村民的居住条件，还需要很长的路，但最重要的是村民自身收入的提高，以改善居住环境。

第三节 家庭耐用品

随着生活水平从温饱走向小康，农民的消费标准由注重"吃饱、穿暖、够用、能住"变为注重"吃得好、穿得漂亮、用得方便、住得舒适"，消费心态由"将就"变为"讲究"，消费需求从形式到内容都在发生一系列的变化。在农村，农民的观念也在逐渐变化，家庭消费功能逐渐居于主导，生产功能居于次要地位。其中生活耐用品消费已经作为一个实物消费指标对经济分析有着重要的意义。当前农村中老一代的中低档耐用品基本普及或饱和，随着一些新耐用品的涌入，用途相当的旧的耐用品减少了，摩托车、固定电话、洗衣机和电冰箱渐渐成为二宫村村民的生活必需品。

表 5 – 5 家庭耐用品拥有量的统计

单位：户,%

耐用品	户数	比例	耐用品	户数	比例
彩色电视机	37	80.4	黑白电视机	10	21.7
录音机	9	19.6	电冰箱	15	32.6
洗衣机	24	52.2	电风扇	7	15.2
小四轮拖拉机	12	26.1	大拖拉机	1	2.2
摩托车（有 1 辆）	22	47.8	摩托车（有两辆）	11	23.9
摩托车（有 3 辆）	15	32.6	自行车（有一辆）	6	13
自行车（有两辆）	5	10.9	电话 1	10	21.7
电话 2	4	8.7	——	——	——

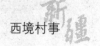

在 50 份问卷中有效问卷 46 份，其中电器中彩电的拥有量达到了 37 台，比例高达 80.4%；有 15 户拥有电冰箱，占 32.6%；虽然二宫村用水不方便，但是洗衣机的拥有者 24 户，达 52% 左右；四轮拖拉机是村民生产中不可缺少的工具，其比例达 26%；自行车本来是农村最为便捷的交通工具，但现在，它的重要地位被摩托车所代替，甚至有的家庭拥有两辆。电话 1 是固定电话，占 21.7%，电话 2 指的是手机电话，在农村的拥有量也达到了 8.7%。由于有些耐用生活品没有被列入问卷中，我们在访谈中也见到了部分家庭使用微波炉等新型耐用消费品，家庭设备的现代化已成为越来越多的农村家庭所追求的目标。

图 5 - 3　未完全装修的村民家中摆设

当然这中间数量的大小与我们调查的范围和抽取的对象有关系，但可以反映出大致的情况。后来在和村干部交谈中，关于耐用品的拥有量又有了新的补充。据村干部和村民的讲述和我们的核实，在整个二宫村共 8 辆小轿车，三轮车 20 多辆，用来运输。其中 15% 的家庭有两辆。全村小村里有大型农业机械，村民用起来很方便。80% 的家庭有座机电话。最早的电话是 80 年代安装的，那时安装费都 3000 多元。手机拥有量最多的是三组，手机的价格 300 ~ 800 元的较多，1000 元左右的也常见。

70 年代，清水河镇电站建成后，该镇 1973 年开始就有电了，二宫村一组在 1985 年架上高压线通上电了。现在生活用电镇、县都一样，每度电费在 0.55 元，农业生产用电是 0.316 元，主要是灌溉。

据村民讲：一组的村民在 1982 年买回了第一台电视机，那时候没电，但小队有发电机，晚上发电 6 个小时。现在，电视普及了，传输信号也可以，镇上准备给二宫村安装有线电视传输，计划在 2008 ~ 2009 年完成，一组有个无线电接收装置（村民叫锅）。在农村，村民喜欢经常看的节目有新闻、电视剧等。农业科技节目在中央七套上播，镇上转播的时间不长。农村要求的喇叭响起来，喇叭这套系统早就有了，不过现在很少用。农村远程教育有设备，就是没有场所，正在建新的村委会，已经将远程教育室做了规划。

第四节　婚姻家庭

一　家庭特点

家庭是基本的社会群体，是由婚姻关系、血缘关系或收养关系的建立而产生的亲属间的社会生活组织，是最亲密的群体。改革开放以来，我国经济体制发生根本性变化，在这个转型过程中，作为社会最基本组成部分的家庭也发生了变动。在我国，计划生育政策的实施，对家庭结构的变化产生了一定的影响，这些变动和影响包括家庭规模、家庭结构及家庭关系，等等。农村家庭作为我国社会的主要组成部分，家庭的各方面也发生了很大变化。我们从二宫村家庭人数和劳动力问卷调查表，结合问卷中填写的有关资料及访谈资料来分析该村的家庭特点。

就二宫村来看，大致呈现出如下特点：

第一，家庭规模逐渐缩小。传统大家庭的形成与自给自足的自然经济有着密切的关系，在传统的农耕社会中，单个的家庭无法满足自身的生产与再生产，因此需要组成联合的家庭来解决这一问题。在二宫村，土地刚承包到农民手中，村民私人拥有农业机械比较少，前来打工的剩余劳动力也不多，农业生产中，家庭的分立对于劳动力是极大的一种削弱。然而，随着生产力的发展，经济基础发生了明显的变化，村民手中的农业机械越来越多，在农忙时节前来打工的流动人员多了起来，于是，单个的家庭完全能够解决这一问题，特别是随着经济积蓄的增加，一个联合家庭中的成员之间的矛盾也时有出现，因此传统的大家庭明显不能适应这一发展，一旦自己的孩子结婚成家，分门立户就成为必然。据村中老人们讲 80 年代 8~12 人的家庭比较常见，现在基本上 4~6 人家庭比较多，在 50 份调查问卷中有 43 户属于这类家庭，其比例高达 86%。

第二，是核心家庭成为主要的家庭模式。一对夫妇及其未婚子女组成的核心家庭成为该村的主要家庭模式。根据二宫村家庭调查的统计结果，50 户中占了 31 户，达 60%以上。费孝通先生曾经提出一种新的家庭类型，即残缺家庭。这种家庭是相对于核心家庭作为完整家庭而说的。即核心家庭原有的配偶中一方死亡或离去，或是父母双亡未婚子女的家庭就叫残缺家庭。在二宫村的调查问卷中，大约有 4 户属于这种残缺家庭。

第三，老人和成家子女分开生活。在二宫村老年人和成家子女共同一起生活的比较少，在所调查的 50 户家庭中 55 岁以上的老人占了 11 位，其中 70% 的老年人和子女分开住，他们有自己独立的住所，有自己的土地，基本上都在参加劳动，但主要的农活由子女代做，收入归自己。在访谈中，一位回族老人说，自己有 4 个儿子，已经成家了，也分出去了，在分家时，他和老伴的一份仍然归自己，需要在地里边投入时，就把钱给儿子，但收成下来，全归自己。因此，现在收入可以，准备有机会就朝觐去。

第四，在二宫村，家庭关系比较和谐。核心家庭是减少家庭矛盾的最简捷方式之一，而该村的家庭规模也基本上以核心家庭为主。在农村，子女不赡养老人的事屡见不鲜，除了由于较大的家庭矛盾因素之外，更多是由于经济的原因所致。在二宫村不赡养老人的现象也时有发生，我前文提到在二宫村村委会发生过的一幕，就是子女不赡养老人，使得这位哈萨克族的老父亲请求村上予以协调，或者将其列入五保户的照顾范围之内。但是按照村委会干部的说法，这只能去做子女的工作，让他承担起赡养老人的责任，按照五保户的条件，有子女的不予以五保。

第五，族际婚姻很少。虽然二宫村是个多民族村，但由于语言和宗教信仰上的障碍，不同民族之间通婚的几乎没有，特别是汉族和信仰伊斯兰教的其他民族之间比较少。据村民讲以前有过这样的维汉之间通婚的事情，但由于结

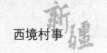
婚之后夫妻之间矛盾比较多。再加上这几年受一些宗教极端思潮的影响，有一些维吾尔族群众对维汉通婚有成见，按一些群众的说法：与其在一起有矛盾，倒不如在组建家庭的时候，就不要做这样的选择。

第六，家庭暴力是影响一个家庭和谐的重要因素，在农村，妇女大多是家庭暴力的受害者。尽管社会在进步和发展，女性的社会地位在不断提高，但在新疆，维吾尔、哈萨克等少数民族中，家庭暴力的严重性也是一个不可忽视的现实①。在二宫村，和村民谈到这个话题时，他们认为，这是别人家里边的事，不好议论。但在他们的谈话中还是能够感觉出，"打老婆"的现象是有的，大部分村民认为：如果的确不能过到一起，离婚是可以的。

第六，家庭财产的继承上，二宫村村民一般遵循谁赡养父母谁继承家里的财产，女儿能从家庭中带走的只是嫁妆而已。在一个家庭，赡养父母的责任，一般由最小的儿子来承担，因为他是最后一个成家的，父母帮助他完成成家的任务，也就和他一起生活了。这种现象在近几年也发生了变化，父母在最小的孩子成家以后基本上就和子女分开居住了，父母财产的继承也就按照父母的意愿进行分配。主要财产就是父母所拥有的承包地，大多数平均分配。

二 婚姻的选择

穆斯林在婚姻的选择上比较严格，有人提出这是一种内婚制的体现，但随着社会的发展，人们在婚姻上的选择

---

① 古丽多来提·库尔班：《浅谈维吾尔族家庭暴力问题》，《新疆社科》2005 年第 1 期。

范围也在扩大，原来只在具有同一信仰的范围内确定婚姻，现在也在逐渐扩大。

二宫村是一个以维吾尔族占大多数的村庄，二组和三组几乎都是维吾尔族人，而维吾尔族在选择婚姻上除了信仰以外，对于双方的品德是很看重的。

11世纪维吾尔族诗人尤素甫·哈斯·哈吉甫撰写的《福乐智慧》中是这样说的："倘若你愿意成家娶妻，应具慧眼卓识，将佳偶寻觅。她应出生良家有纯正根基，贞洁、知耻、虔敬真一。"对伴侣的要求是"贞洁、知耻、虔敬真一"。

维吾尔族在婚姻选择上是有限制的，但新中国成立以来，在自由恋爱思想的冲击下，不同民族之间通婚的现象比较普遍，在霍城县档案局的一封档案里看到，50年代，该县一位上海来的汉族支边青年和一位维吾尔族姑娘（地主成分）恋爱，由于周围反对因素太多，导致双双"叛逃"苏联的事件。近几年，随着极端民族主义思潮的影响，维汉之间的通婚现象越来越少了。像二宫村，一些维吾尔族青年宁可从千里迢迢的南疆娶一位维吾尔族媳妇，也不会就近和汉族或者回族通婚。

据村干部讲：

> 周围其他村有维吾尔族和汉族之间通婚的，二宫村没有。以前三组有维汉结婚的，男方是维吾尔族，他去内地打工时一起回来的。女的结婚后自己学维吾尔语。结婚时20多岁。结婚以后，生了两个孩子，夫妻双方的矛盾比较大，男方认为宗教信仰不同，就离婚了。过了几年他们又再婚了，父母去世后，离开本

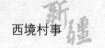

村到外地去了，现在不在这儿生活。维吾尔族村民中间也有人对他们婚姻不满的，维汉通婚不容易过好。除了宗教和语言方面的原因外，还有其他原因。

可能是周围村民给他们的压力比较大的缘故，在农村，在各种场合备受冷落是相当难堪的事。

表5-6　被调查村民对不同民族之间通婚的看法

单位：人，%

内　　容	同　意	不同意	说不清
数　量	34	3	10
百分比	68	6	20

大部分村民认为，不同民族间的通婚是可以接受的，这一比例达到68%，在持说不清楚观点的村民中，有一部分认为可以接受，但是，以前出现的不同民族之间的通婚，其结局就很难令人接受，所以这是件说不清楚的事。

但回族、东乡族和汉族之间的通婚是有的，有伊斯兰信仰的女性嫁到汉族家庭，在生活习俗等方面会得到充分的尊重，但这样的现象也不多。回族和汉族等其他民族之间结婚，和父母分开生活的汉族男性大多数会按照女方家长的要求，履行伊斯兰宗教的有关宗教程序，民间常说是"洗肠子"，有人传言，要用肥皂水之类的，但就我所接触的一位村民来看，只是请阿訇前来念经履行了一道宗教程序。

我在和一位回族穆斯林聊天时，他说，"我是一位哲赫忍耶教徒，按老人家的说法，我们的女孩不会嫁给其他门宦的，除非他也改信我们哲赫忍耶，这样才能使得信仰我们门宦的人越来越多"。因为这位村民相信,他所信仰的门宦是至纯至真的。

由于二宫村的经济情况不太好,年轻女孩子多向往城市生活,即便是结婚也尽可能找一位有技术的常年在外打工的,两人一起出外打工,回到农村的越来越少;更多的则在打工过程中自己找一个。因此,在农村专门从事生产的村民在择偶上就有点困难,于是有不少青年将目光转向了父母生活过的家乡,山东人从山东,江苏人从江苏,托亲带故地找媳妇,媳妇领进门户口是落下了,但是没有土地。

三 婚姻的变迁

维吾尔族传统上普遍早婚,有"一帽子打不倒就结婚"的说法,女孩假如在月经初潮前还未选定婆家,本人和家庭都将承受很大的社会压力。1990 年人口普查资料显示:维吾尔族妇女的平均初婚年龄在全国人口在百万以上的民族中为最低,仅 19.4 岁(包括城市)。传统的维吾尔族、哈萨克族和回族社会,女性结婚年龄大多比较小,超过 18 岁即为大龄姑娘。随着社会的发展,大多数人接受了早婚使女性过早地陷入家庭琐事当中,是不利于女性的身心健康的观念。

新中国成立后,早婚现象稍有改观,女子结婚年龄增大到 20 岁。改革开放以来,维吾尔族等民族女性受教育的机会增多,出外工作的机会增多,活动空间大大拓宽,从而产生了平等意识、独立意识和自主意识,在一定程度上改变了这种早婚现象。在二宫村调查中,有两个 17 岁就结婚的女孩子,其中一个结婚怀上了孩子,后来又离婚,就把

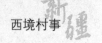

孩子做掉了，总体上来说，婚育年龄是推迟了。

除了婚育年龄，婚姻方面许多地方也受到了冲击。维吾尔族青年男女有这样一条约定俗成的规矩：青年男女在恋爱阶段，男女双方都不能把对方领回家去。当双方都已考虑成熟，才分头告知各自父母家人，双方父母商议订婚、结婚事宜，然后举行结婚仪式。随着时代的变化，自由恋爱使得这一规矩受到了冲击。在二宫村，目前还没有发生过未婚先孕的事，但是未婚同居的现象是有的。对这些现象，以前担心在宗教上和村里的影响不好等，现在基本上可以接受。特别是当父母认为年轻不着急，还不同意他们结婚时，他们大多就找到男方亲戚家，先住在一起了，直到父母同意后，再准备结婚。这时男方父母会到女方的父母家道歉，解释，说年轻人相互看上了，父母没办法等等，当年在二宫村就有七八对恋人是这样做的。

根据村民的说法，主要原因有三点：（1）男方到结婚的年龄，急于结婚，女方家长不同意。（2）男子喜欢自己中意的姑娘，但父母不喜欢，就自己决定。（3）这样结婚，造成"生米煮成熟饭"，逼迫双方父母，特别是使女方家长在彩礼方面不会提出太高要求，所以花钱不多，这样的事每年都有。20世纪90年代在新疆的一些地方，由于受宗教极端主义思想的影响，有人焚烧人民币和身份证，结婚不办证的情形。所以，许多青年结婚时，很少有人提前办理结婚证的，可以过若干时间，甚至几年后补办。这几年，由于加强了婚姻登记的管理，现在结婚，阿訇必须看完结婚证才能念尼卡（履行的宗教程序）。私下自己结婚的，让阿訇补念尼卡的情况也有。

过去结婚时大部分的东西都由男方家准备，现在女方家也给男方买结婚礼物，条件好的还准备家用电器及日常生活用品。这标志着女性在婚姻中已经由对男性的完全依赖逐渐向期望共同承担家庭责任的方向转变。

只要家庭条件许可，也可以在清水河镇定宴席来招待客人。

据村民讲："这里霍城县和南疆不一样。在喀什，男方给女方家钱，想买什么是女方自己的事，身上佩带什么是自己的，比较自由。这里（霍城县）是给金饰、衣服，在结婚时给女方家酒、肉、油等招待客人，现在也有和城里人一样的，特别是在男女双方都在外地的，男方家庭帮助买房子，女方家提供房内电器等等，这些都与双方家庭的经济情况有关。这些习俗在伊犁各地都不一样。霍城与伊宁市差不多。和伊犁的东五县（指尼勒克、新源、昭苏、巩留、特克斯 5 个县）不一样，和西三县（伊宁县、霍城县、察布查尔县）倒是差不多。"这也是"十里不同俗"的特征之一，现在新娘大都穿婚纱，其他都一样。

维吾尔族青年结婚以后，家庭中男女分工一般是比较明确的。女的做饭、洗衣、打馕、扫院、挑水，到地里干活，农闲时节还出外打工。男的浇水、种地，一般不做家务。庄稼收割时期，多雇用外人，农忙时节男女都参加，但家务是主体。如果男的身体不好，有的一些男人比较懒散，或外出不在时，妇女就会成为家庭中的主要劳力，不过这毕竟是少数。随着时代的变化，在农村男人也开始做家务，女人也有出外打工的。邻村一位维吾尔族妇女告诉我，自家的男人由于脾气好家务也做，很少打骂她和孩子，生活状况的改变，除了打馕，也做馒头吃。有的家庭条件好，买了电饼铛直接在里边烤馕，据说味儿和从馕坑里烤

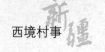

出来的不一样。

据村民讲：这些年，哈萨克族青年人结婚，女方家里要聘礼要得很多，从说亲、订婚、女婿登门到婚礼，经过大大小小近十种仪式，男方家里少则需要一两万块钱，多则花四五万块钱，有些经济不宽裕的家庭，由于经济上的困境，推迟举行婚礼是常有的事。有的青年男女便私下悄悄协商，双双离家出走，到远方亲戚家开始共同生活的"私奔"现象时有发生。他们走后，双方家庭往往互相要人，发生争执，产生矛盾，有时候村委会常会因为这些事被卷入其中。

四 "塔拉克"现象

和和美美，白头偕老是人们对婚姻的一种向往，不幸福的婚姻势必出现离婚现象。新疆维吾尔自治区 1980 年每千人口就有 4.02 对夫妻离婚，是全国平均数的 11.5 倍，远高于其他各省、自治区、直辖市而居于首位。1999 年与全国的差距已明显缩小，但离婚率仍是全国平均数的约 3.5 倍，依然位居第一。其中维吾尔族人口占 97% 的和田地区，1999 年的离婚数是结婚数的 48.5%，每千人口有 6.29 对夫妇离婚[①]。离婚或者休妻在阿拉伯语音译为"塔拉克"。

据二宫村的村民讲：该村离婚的不多，比南疆的少。今年（2007 年）听说有 3 家人准备离婚，还未离。其中有一个由于是男方身体不好，生活困难，女的提出离婚，这是生活困难的原因。还有一个，由于男人脾气不好，女的跑回娘家去了，娘家在南疆。目前村子里离婚后还未再婚

---

① 《新疆维吾尔族的婚姻制度与妇女福利》，天山网，2005 年 5 月 28 日。

的人有 10 人左右，都是女的，大都年龄比较大。她们在丈
夫去世或者离婚后，就一直没有再婚。在农村，离婚后的
男子再婚率特别高，而女人再婚的可能性就比较小。

一位维吾尔族妇女指着旁边的一家说："这家，有个女
的 29 岁，大儿子 10 多岁，还有两个双胞胎，男的去世一年
多了，她说她不想再结婚了，为了孩子。谁知道呢，也可
能会有城里人看上她，也可能会再结婚。年龄大的那些人
是真的不结婚的。"女人再婚也是有的，只是概率较小而
已。男人离婚可以再婚，有结了两次婚、三次婚的。二宫
村就有七八个人结了两次、三次婚，女的也有，但特别少，
维吾尔族不会对离过婚的人歧视。

我们推测，维吾尔族离婚率高的原因，主要有三个：
第一，选偶成本低。维吾尔族人的初婚由亲朋介绍、父母
做主并很快步入洞房的较多，而再婚双方自己认识的明显
较多。但即使是双方自己结识，也具有与其他地区不同的
偶然性较高的特征，即大多是在偶然的场合认识的。第二，
农村结婚费用低。男方的彩礼主要是衣料和首饰，女方陪
送的大都是床上用品和生活必需品。首饰中有耳环、戒指、
项链（项链很少或按被访者的说法"不是真金的"），但即
使加上婚礼酒宴花费也不过一万元左右，女方只花几百元
即可，再婚的费用则更少，有的在离婚时可以要回初婚礼
物，并作为再婚对象的礼物。结婚的成本少，离婚时也不
在意，婚姻的稳定性也相对较差。第三，婚后解决矛盾的
方式简单。由于婚前相互了解少、感情基础差，不少当事
人在婚姻生活和家庭关系出现一般性挫折或矛盾时，就会
考虑分手而不是想方设法去克服、解决。

离婚的理由大多比较琐碎和简单："怀孕时我反应很

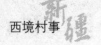

大，身体不好，丈夫不愿照顾就提出离婚"；"女方不会做家务，也不会干农活，我说了 3 次'塔拉克'（阿拉伯语休妻，离婚之义）就分了手。现在我很后悔，想和妻子和好，但岳父不愿意"；"丈夫因我与别的男人说话打了我，我回了娘家，他又不前来接就离婚了"。

离婚后对子女处理方式各种都有，有的女的喜欢带孩子，有的不要孩子。男的条件好，就不想把孩子给女方，要供孩子上学。也有两个孩子的，一个给男的，一个给女的。没有不想要孩子的，一般就是谁生活得好谁带孩子。由于分地是 1983 年的事，此后外面来的媳妇就没有地，离婚后，一般情况女人直接回娘家。再婚时，礼仪不一样。有些女的空手，有些带些东西来。第一次结婚，花费的东西多。第二次结婚东西少。二宫村村委会主任和一个 50 多岁的妇女结婚了，女方就是空手来。年龄大的人留给自己孩子，自己只带一身衣服。女的娘家陪嫁永远是比较少的，离婚后可以带走。婚前财产男女各自分清，共同财产协调处理。也有到法院去分财产的。也有请人、村干部、阿訇等来调解的，大的就由法院判。房地产，承包地；都需要到法院里判决，但很少发生。

第五节　生育状况

一　"胡达给多少，就要多少"

婚姻是传宗接代的大问题。所以，《福乐智慧》第 3371 句中说："要娶妻室，要生儿育女，没有儿女会受人责难。……谁若在身后留下子息，莫道他已死去，他还活在人襄。"维吾尔族十分重视生育，认为没有孩子是人生最大的不幸，因此女性婚后都希望早日怀孕。如果妇女不孕，就要想方设法寻求怀孕的办法，如求医、朝拜麻扎、坐在多子女妇女的胎盘上等。

在生男生女方面维吾尔族的讲究也不多，没有承继香火的说法，有一位维吾尔族村民说："女儿、儿子都可以养父母。生儿、生女都行，胡达给什么要什么，不能挑。男女都可以，听胡达的。还是丫头好，洗衣、做饭。男孩子结婚后，就让老婆子（妻）拿走了，不管家了。"

在生育观念上，维吾尔族流行的一句口头禅是"胡达给多少，要多少"。鉴于人间的一切是主的恩赐这一认识，认为随意堕胎、人工流产，是对胡达神圣权威和尊严的冒犯，因此绝对禁止。维吾尔族将生男生女或者出生的残疾婴儿也归结为是胡达的旨意，既然是神圣给的，也就不可以所生子女是否健全的好恶转移，残疾人是不可歧视的。

在他们心目中，添加人口是家里的头等大事。衡量一个家庭幸福的首要标志，就是看孩子的多寡，按照计划生育政策的规定，离婚后的女性可以再生育。由于离婚率比较高，再婚可以再生孩子，所以女性的生育率较高。孩子多且年龄之间差距不大，养育负担的加重，难免束缚了妇女的手脚。计划生育推定了几十年，随着对人口问题认识的提高，多数妇女已开始由被动盲目地生育转为主动地计划生育。在农村，虽然持有这种观念的妇女不多，但其影响力也不小。

据村里的妇女说，日常生活中，她们过日子比较辛苦，而一旦怀孕，就会受到特别的关心和爱护，不让她干重活，让她注意营养和休息，孕期妇女往往享受到一生中最大的关爱。在妇女的生育过程中，人们会有很多禁忌，这些禁忌表

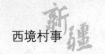

明，在维吾尔族的观念中，人们很容易把一个个自然对象在自己身上所激起的那种感觉直接看成是对象本身的形态，例如：妇女怀孕期间，不能吃骆驼肉，害怕孕期延长；不能吃兔子肉，担心生的孩子嘴会像兔子嘴；扫地不能从门口向里面扫，怕婴儿倒着生。这些和汉族传统中的一些禁忌有相似之处，笔者老家天水的农村就有孕妇不准看元宵节社火中的画成花脸的场景，害怕出生的孩子，有破相。这些禁忌提供了心理方面的保障，缓解了人们在生育过程中的焦虑。

表 5 - 7　被调查村民中有关生育方面的统计

单位：人，%

内　　容	选　　项	人　数	百分比
您希望有几个孩子	1 个	8	16
	2 个	21	42
	3 个	14	28
	4 个以上	1	2
	能生几个就几个	5	10
少生孩子能致富	同意	43	86
	不同意	2	4
	说不清	3	6
少生孩子母亲更健康	同意	33	66
	不同意	6	12
	说不清	4	8
孩子多老了才有依靠	同意	22	44
	不同意	9	18
	说不清	11	22
生多生少是由上天决定的	同意	20	40
	不同意	13	26
	说不清	7	14

许多村民认为生 1 个孩子未免有点孤单，在农村，汉族生两个孩子也符合计划生育政策，有部分维吾尔族也认为生 3 个孩子负担有点重，生两个就可以，因此认为生 2 个孩子的比重占到 42%。"能生几个就几个"和"生多生少是由上天决定的"（最高比重 40%），就是"胡达给多少，就要多少"宗教语境的世俗说法；但是普遍能够认识到"少生孩子能致富"的观念是对的，这一比例占据 86%，在农村这种认识对于计划生育的开展是十分有利的。一个孩子的花销就比两个或者多个孩子的花销小，虽说少生孩子不能很自然地成为富裕户，但家庭中的负担明显减轻确是事实。但农村里多子多劳力的传统观念毕竟很难在短时间内"刹车"，其"惯性"要有一个持续的过程，在回答"孩子多，老了才有依靠"的问题时，其比例高达 44%。

二　娘家就是大后方

由于农村医疗基础的薄弱，在医院生孩子花费又比较大，所以，在农村生孩子被看成是性命攸关的大事，生孩子后，对于产妇的养护也是非常重要的。在农村，汉族人称之为"坐月子"，对此比较重视，认为护养不善就会产生许多妇科疾病，而且这一阶段婆媳关系比较微妙，双方尽心尽力地维护，方可不产生太大的分歧，以后家庭关系则和谐，否则，作为媳妇如果要找茬，大多会归结到"坐月子"时婆婆不尽心上。于是许多开明的婆婆则请娘家母前来伺候"坐月子"的孕妇，这样可以避免很多矛盾。

我们没有考证维吾尔族盛行回娘家生育头胎的习俗是否与此有关，但维吾尔族产妇在临近产期一周左右，孕妇回到自己父母家中生孩子的确是比较独特的风俗。产妇坐月

子也由母亲照料，直到产后40天时，夫家才可以将产妇和婴儿接回去，由此出生后诸如孩子命名礼、坐摇床礼和满月礼，在娘家或者夫家操办都可，男方家的父母会给产妇准备耳环、戒指及一套新衣服。当将孩子接回家时，丈夫要准备礼物才能接女方和孩子回家，当然这些礼物比起生孩子时操心费神是不能画等号的。二宫村过去由于医疗卫生设施缺乏，妇女生育基本上得不到医护人员的协助。现在每个乡级以上单位都设有妇幼保健站和医院，村村都有卫生所，妇女从怀孕开始就定期去做孕期检查，生孩子时一般都去医院，出院后回娘家。少数在家中生产的妇女，也是请医生来接生。所以，女性因生育而死亡的现象大为减少。

在二宫村调查中，许多女性说，在医院里生孩子时，剖腹生产比较多，这一现象在后来和村计生干部交谈中也得到了证实。据她们认为有可能是医院为了安全或者为了赚钱才这样做的。一方面是医院害怕自然生育有风险，就马上采取剖腹产的办法。另一方面说，自然生育医院的收费低，剖宫产的手术费用是在2000元到3000元之间。因此群众对此意见比较大，但牵扯到生孩子是大事，只能按照医院要求去做。

维吾尔族女性结婚后都与男方家人共居，从妻居家庭只是特例（如男方为外地人的情况下），不仅女儿可以回娘家坐月子，而且女儿与女婿、婆家发生纠纷或离婚、丧偶等均可随时回父母家。娘家是出嫁女儿永远的庇护所，这无疑在维吾尔族人的婚姻建立和解体中起着调节平衡作用。但妻方亲属支持过于强大，也有其负面效应，有些女性一旦和婆家有矛盾，动辄就回娘家，再加上一方或双方亲属过于热心地参与，以及小夫妻分居时间过长等，加深了当事人双方及其家庭的隔膜。有一则资料在谈到这一现象时，举了这样一个例子。一位 26 岁的妇女，当初就因为在为孩子举行命名礼时，母亲嫌男方带来的礼物太少（仅给女方买了一套衣服而没有给孩子买），尽管男方父母答应以后再补买而要求先把媳妇、孩子领回，但其母硬是不同意，并纵容女儿离婚。而男方在众多亲戚面前丢了丑，自尊心也受到很大伤害，于是双方在各自父母的授意下无可奈何地分了手。该被访者当时仅 17 岁，总以为父母比自己有经验，说话有道理，因此什么也没想就顺从地说"离就离吧"。后来再婚生活不如意又离婚时，很后悔当初听了家人的话，总觉得第一次婚姻才是最幸福的。

谁住父母的房子谁赡养父母。一般是小儿子，如果小儿子不赡养，其他也行。如果没有儿子或儿子不在，女儿也可以养父母，把父母带走，或者回来住。有一家，嫁到霍城县的小女儿带丈夫住父母家，当时结婚不到一个月。父母去世后，房子给了女儿，原来不赡养父母的哥哥来分家，大家都说那个哥哥做得不对，指责他，没有尽到子女的义务，儿子应该养父母。

三　计划生育及忠于职守的计划生育宣传员

在农村计划生育工作是最难做的一项工作，特别是在民汉杂居的民族地区农村。有学者提出，在农村超生现象发生主要是传统文化力量的强大所致，国家需要更大的力量，更持久的耐心来努力将村庄的舆论转向，以舆论的专项来抗衡残留下来的传统文化力量，最终形成多生不如少生，少生可以接受更好的教育，多生则负担重，让农民自觉遵守这一习惯等等。但这一论题却忽略了农村地区的现

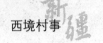

实情况，农村的贫困，社会保障措施的滞后才是产生超生现象的主要原因。而且我们只要将农村和城市做一比较，就会发现，城市的计划生育越来越成为人们的一种自觉行为，孩子能否接受良好的教育和自己老有所保的观念，是城市人放弃超生的主要原因。

按照我国的计划生育政策规定，在少数民族的农村地区，少数民族夫妇可以有计划地生育3胎，农村的汉族可以生育两胎。在二宫村超生现象很少，汉族夫妇普遍只生育一个或者两个孩子，不存在为了要一个男孩子，出门四处逃避计划生育的现象，大部分人表示，一个孩子的抚养就很紧张，多了怎么办，总不能让孩子不接受教育继续在土地上像上一辈一样劳作。而维吾尔族在生育男孩或者女孩方面也没有太多的讲究，生男孩生女孩那是胡达的安排，坚持胡达给多少就要多少，也就是说对生育的数量没有太多的要求。原来对计划生育的抵触情绪比较大，不过现在这种状况有很大的改变。

2005年清水河镇在计划生育工作中强调，一切从零开始。专门有人负责控制流动人口工作，由计划生育工作人员包点包片到村签订2004年目标责任书。村民自治是从2002年在席卡兹村开始试点的，通过村委会广泛征求三老人员的意见，制定《章程》、《村规民约》，签订计划生育家庭、计划外家庭、领证家庭、双证家庭等内容的协议书。2003年全镇有4个村子开展这项工作，2005年，全镇有90%的村开展这项工作，村民基本上都能按照协议，定期查环、查孕，村委会能够按照协议书为计划生育家庭落实各种优惠政策，优先安排房基地，提供优质种子、化肥、农药贷款等。经过一年两次的检查和考核，2005年达到模范标准的村子有 33%，达到村民自治的合格村有 90%，使得这个镇成为"婚育新风进万家"的荣誉镇。计划生育在二宫村实施还算是比较彻底，汉族妇女间隔 5 年就可以拥有第二胎，少数民族可以生育 3 胎。

我们见该村的计划生育宣传员古丽是由学校老师阿依古丽介绍的，她家住在清真寺的对面，由于第二天是肉孜节，按照维吾尔族的传统，这一天妇女必须将家里收拾得干干净净，以备迎接前来拜访的客人。我们到她家的时候刚好古丽在收拾家务，古丽说家里好多该收拾的东西没有收拾，因此，谈话比较匆忙。

古丽，维吾尔族妇女，42 岁，由于以前上过汉校，会说汉语，会写汉字，本人说话干脆，给人一种干练的印象。1984 年从芦草沟嫁来，也就是说她出嫁的时候只有 18 岁。她生了 3 个孩子，这是符合计划生育优惠政策的。她告诉我们，其中一个孩子在水库淹死了，现在有两个正在上学，属于民考汉的。古丽的丈夫在家务农，又有两个上学的孩子，家庭经济状况并不太好，但她热情，熟悉计划生育工作。

古丽能够作为村上的计划生育宣传员主要在于会运用维汉两种语言交流，而且会写汉字，计划生育的许多表格需要填写，这就是一大便利；而且汉族妇女做维吾尔族妇女的计划生育工作比较困难，语言方面就是一个很大的障碍，其次，由于几年前，"泰比力克"地下教经点比较猖獗，在该村影响比较深，这种情况下，维吾尔族妇女做这项工作更为适合。

古丽说，计划生育工作也比较难做，由于做计划生育工作，当她的孩子在水库里淹死之后，有人在背后指指点

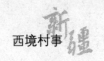

点说，她做没了别人的孩子，这是真主对她的报应等，看来不管谁做这项工作，难度还是存在的。特别是在农村，大家都是抬头不见低头见的乡亲，被村民孤立总不是件好事。这也是古丽不太想干这项工作的一个主要原因。

还有一个原因也让古丽打算放弃这项工作。据她讲，2002 年她开始当计生宣传员，原来给计划生育宣传员每年3000 元，而现在则是 2000 元，就这点钱，2003 年和 2004年两年都未领到。2005 年给了 500 元，2006 年给了 1000元。现在到 10 月份了，还未拿上任何报酬，她自己也不知去哪儿能够得到她的报酬。她以此向村委会干部诉苦，提出不想干了，但据村委会干部说，一旦古丽不干了，以前所欠的工资也就化为乌有，这事使她无可奈何，她也想不出更好的办法，也就只能继续干下去。按照她的计算，现在村上欠她 7000 元的工资，就这样罢手有些不划算的，再有，村里再要找一位比较熟悉计划生育工作的维吾尔族女性还是有些难度的，古丽对这项工作比较熟悉，她不想干，村委会就想出各种办法让她继续干下去。由于计划生育工作比较细碎，作为计划生育宣传员，她得天天忙。她管理的面也特别宽，计划生育、妇女健康，流动人口中的计划生育也属于她管，有时候一天当中去某家好几次。有些家庭很不欢迎她的到来，干起工作自然很不顺心。

四 琐碎的计划生育工作

计划生育是我国的基本国策之一，在我国就连到处游击的超生游击队对计划生育工作的重要性在认识上也是很明确的。2004 年清水河镇总人口 40400 人，其中汉族 22333

人，少数民族人口 18067 人。全年出生人口 462 人，其中汉族 142 人，少数民族 319 人，出生率为 11.57%。计生率99.58%，汉族 100%，少数民族 99.68%。自然增长率9.72%，其中汉族 5.13%、少数民族 9.89%。

2006 年全镇 6 万人口中常住居民 4 万，流动人口 2 万，全镇已婚育龄妇女 9562 人，流动人口已婚育龄妇女 2324人，节育率为 89.11%，其中药具运用率 89%，自然增长率为 3.93%，出生率为 1.29%，计划生育率为 99.61%，晚婚率为 81.4%。

清水河镇开展村民自治合格村活动，达到计划生育自治合格的有 13 个村或单位，其中就有二宫村。在 2004 年当年清水河镇调整二宫村计划生育指标中规定，少数民族中，可以生一个孩子的有 12 对夫妇，可以生第二胎的有15 对夫妇，可以生 3 胎的有 5 对夫妇；汉族生 1 胎有 8 对夫妇。在 2005 年的指标体系中，少数民族生一个孩子有16 对夫妇，生两个孩子 12 对，生 3 个孩子 4 对，合计生32 个；汉族生一个孩子 11 对，生两个孩子 3 对，合计 14个。并广泛开展了一孩上环，二孩结扎的措施。

据计生宣传员古丽讲：二宫村每年的 9 月开始对育龄妇女抽查，全村有 15～20 人。使用过避孕药的所有人都要查，开春是最忙的。两个月抽查一次，最简单的方式是用试纸尿检，都是到抽查人的家里检查的。意外怀孕的不多，所以说所谓的"做娃娃"（刮宫或者流产）的不多，就古丽所检查的妇女基本上没有。从表 5－8 可以看出，有 3 个或 3个以上孩子的少数民族占了 154 人，汉族 22 人，没有孩子的大多是新婚夫妇，育龄妇女的数量比较大，计划生育工作的任务是比较艰巨的。

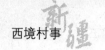

表 5 – 8　2007 年已婚育龄妇女情况汇总表

单位：人

内容	已婚育龄妇女					计生措施						
	总数	无孩	一孩	二孩	三孩以上	小计	女扎	上环	皮埋	上服	套	外用药
汉	222	9	90	101	22	211	21	167	1	4	16	2
民①	444	27	112	151	154	365	7	304	2	5	46	1
合计	666	36	202	252	176	576	28	471	3	9	62	3

　　① 民指少数民族，下文相同。

　　数据来源：二宫村（2007 年 7 月 1 日）第三季度报表。

　　生孩子一个月后就得配送安全套，3 个月后就要上环。育龄妇女一旦怀孕，上环就不用管了。所以，村里有新媳妇娶进来，古丽就得去新婚夫妇家里，问名字，问年龄，从哪儿来的，要不要孩子，一一登记在卡，下发避孕药具。只要是怀孕成功，就前来开证明，有了这个证明，就可以到医院做免费检查。到生产的时候就去医院生。孩子生下来就可以登记，村医务室也要留存一份档案。生完孩子一个月就给避孕药，3 个月就上节育环。避孕药具本来是自己前来领取的，可能是难为情，没人上门领，所以计划生育宣传员就每个月都要上门去发。在农村许多人不愿用安全套。古丽再三解释后就硬塞给她们，用不用先拿着。如果家里没人，有时就塞到门里去。两个月测一次尿。由于上环的多，使得这项工作量大为减少。村里反对这样做的人也多，有人说："我以前好好的，上了环就不舒服。"如果的确不适应，古丽可以开证明，也可以取环。但这样的人比较少，一般不取，取了还得采取其他措施，农村开展计生工作比较困难。

表 5 - 9　该村避孕药具使用发放及库存情况统计表

单位：人，%

内容	已婚育龄妇女	不应用药具人数	应用药具人数	实际用药具人数	皮埋	三相片	长效18甲	避孕针	外用膜	应用率	随访
民	454	401	53	53	2	2	1	1	—	100	53
汉	200	200	21	19	1	4	—		2	90.48	21
总计	674	601	74	72	3	6	1	1	2	97.3	74

数据来源：二宫村避孕药具使用发放及库存情况统计表。

按照古丽的说法：节育措施主要是吃避孕药、使用安全套、上节育环，埋皮避孕，一般一胎、二胎后不提倡用药，主要用套、环。要是生了 3 个，就要动员上环，要控制不好，万一怀上了而用药担心有副作用，对孩子不好。用皮埋或药的，要想怀的都要在停药 3 个月后才能怀孕。这些古丽都要和她们讲清楚。也有刚结婚而不想要孩子的。有两个人，结婚后说不想要孩子，要上环，到医院，医生说女方宫口小，刚结婚上环，担心以后怀不上孩子。就建议她采用皮埋。她也同意。以后想要孩子，就拿出来，3 个月就可能怀孕。还有一个怀了 4 个月，老公和她离婚了，她妈妈叫她流产，不要孩子了，工作很难开展。

古丽坦言："现在计划生育方面的问题不多，抓得也紧。我经常盯着，不断往家里跑。如果松了，还是有超生的。现在的问题主要是要求孩子必须在医院生。从去年开始，不在医院生就不给出生证，不给出生证就办不了户口。到医院生，花钱多，自然生产的要 1000 元，剖宫产 3000 元，正常生产的不多，剖宫产比较多。孕产妇死亡的事也有，

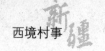

表 5-10　2007 年 4~8 月采取的计生措施

单位：人

内容	未避孕人数							本期计生手术例						
	小计	待孕	在孕	哺乳	离婚或丧偶	不孕或绝经	无措施	小计	结扎	上环	取环	皮埋	人流	引产
汉	11	7	4	—		—		30		12	9	1	7	5
民	79	41	22	2	10	3	1	64	1	49	6	—	5	2
合计	90	48	26	2	10	3	1	94	1	61	15	1	12	7

数据来源：二宫村计生措施汇总表。

去年二队死了一个，生孩子时死的，听说是贫血还是什么，身体不行。今年有两个孩子死的，妈妈没事，去年两个是在家里生的，今年一个是在家里生，另一个死在伊犁医院，孩子几个月的时候，不知是因为什么。所以，有人认为在医院里生孩子也有危险。"

现在不领结婚证的也不能上户口。这里不领结婚证的人多，有的孩子都 10 多岁了，父母还没有领结婚证。在整个二宫村，没有结婚证孩子上不了户口，就成了黑户，上户口麻烦，一部分人意见大得很。派出所要求，上户口一般 50 元就可以，3 个月以上不上户口就要罚款，一年交 70 元，如果 10 多岁的孩子还没上户口，要交一大笔罚款，据说以前更多。

这里得妇科病的人多，大部分妇女都有一些毛病，如子宫脱垂等。有人传言说是计划生育搞的。关于生孩子后孕妇恢复身体，和前边调查的差不多，生完孩子一般在娘家，休息 40 天，家里由妈妈、妹妹等照顾，要是没人照顾，就自己早早起来忙，20 天、15 天的都有。据古丽讲，她生

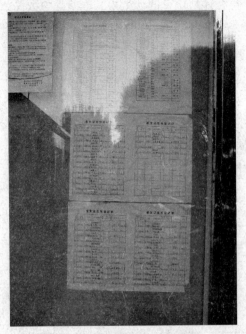

图 5 - 4 计划生育准生证名单

了 3 个孩子，都只休息了 20 天。现在一躺下，浑身都疼。白天好好的，手指关节都疼，就是那时没休息好。孩子都是自己喂奶。村里生了双胞胎的，奶不够，才用牛奶喂。一般喂奶一年或一年半，少数也有喂到两年的。

表 5 - 11 2007 年人口基本情况汇总表（半年报）

单位：户,%

内容	户数	人口	死亡人数	女性初婚人数	独生子女证	光荣证
民	319	1106	4	5	5	—
汉	546	2050	2	9	2	2
总 数	865	3156	6	14	7	2

资料来源：二宫村村委会计划生育统计表部分。

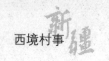

只要符合计划生育的计生户，也就是少数民族生 2 个孩子、汉族生 1 个孩子，可以领光荣证。49 岁以上可以拿3000 元补偿金。

计划生育工作不仅仅要求计生宣传员给育龄妇女配送避孕工具，特别是在发现有意外怀孕的要实施药流，甚至要求有关于使用后的回访单。从古丽的谈话和我们所找到的回访单所列出的使用药流的日期表明，这项工作的确需要一定的耐心。表 5 - 2 是该村的一个回访单。

表 5 - 12　药具失败报告回访单

单位：岁，人

时间	性别	年龄	民族	文化程度	子女	村组	避孕方法	日期	原因
2007.2.3	女	28	汉族	初中	1	一组	避孕套	2 月 10 日药流	未用失败
2007.3.10	女	32	汉族	初中	2	一组	避孕套	3 月 20 日药流	—
2007.5.10	女	38	维吾尔族	小学	2	二组	避孕套	5 月 20 日药流	未用套导致失败
2007.8.10	女	40	汉族	初中	2	一组	避孕套	8 月 20 日药流	漏用避孕套失败

资料来源：村委会计划生育统计表部分。

回访单说明，在农村，计划生育宣传员还肩负着一旦避孕失败，采取药流的职责，的确如古丽所说的这项工作的琐碎程度是很难令人想象的。

第六节　风俗习惯

一　人生礼仪

"十里不同风，百里不同俗。"人生礼仪是人一生中几个重要阶段所经历的不同仪式和礼节，主要有诞生礼仪、成年礼仪、结婚礼仪和丧葬礼仪。一个人从生到死，须经历多种社会礼俗的熏染，而最具人生阶段特征和象征性礼仪特征的民俗事如诞生礼、成年礼、婚礼、葬礼，这四种礼仪习俗构成了人生礼俗的主要内容。

（一）新生命的赞礼

维吾尔族人民在长期的历史活动中形成了一套极具民族特色的诞生礼俗，千百年的传承，在潜移默化中影响和规定着人们的思想观念。

前面一章提到了，维吾尔族妇女在生孩子时，一般情况下是在娘家生育。

在满月之前，有一些仪式要在这段时间举行。一旦孩子出生，孩子的父亲就带来木质的小摇床，小摇床设计得比较合理，木质的筐子，四周是木条，底子有小窟窿，以备小孩子撒尿，有一根木棍穿过摇床的前后，小孩躺在里边，有人也用布条子绑小孩子的腿，这样长大以后，小孩子的腿就比较好，这样，一旦孩子一哭，母亲或者旁边的人就摇一摇，是左右摇摆的。

维吾尔族小孩在摇床上要躺到一两岁，因此，摇床是维吾尔族母亲的第二个怀抱。摇床里边放着各种礼物，其中有给小孩子的包括尿布，给自己妻子的，也有给岳父岳母的。有自愿购置的，也有按照妻子或者岳父母的要求置办的。这时的礼物比较重要，如果带来的礼物不合乎妻子提出的要求，就有可能给后来接妻子回家造成障碍，甚至有的夫妇就此离婚。

小摇床的功能比较多，如果你在巴扎上见到特别小的

摇床，或许那是女孩子的玩具，父母买回来供自己家小女孩玩耍，在玩耍的过程中，学会如何照顾小孩的，以备将来照顾家中的小弟弟或者以后自己做母亲时照顾小孩子。孩子的摇床礼是一个比较重要的人生里程，所以主人会请来亲朋好友前来同贺，邻居、亲朋都会热情地来祝贺婴儿的摇床礼，主人家会拿出最好的食物招待客人。

维吾尔族妇女一般是回到娘家生孩子，直到举行过摇床礼，新母亲才跟着婆家派来接她的人回到丈夫身边。这期间丈夫前来探望自己妻子和孩子的机会不多，来得频繁则会让自己的父母不高兴。不过这一习俗也在随着时代的变迁，逐渐趋于简化。所以摇床礼的时间也不太一致，一般视自己的情况而定。

小孩出生后40天到3个月之内做命名礼，命名仪式由阿訇主持，阿訇念唤礼词、入拜词，然后命名。

当地汉族人在孩子出生方面，基本上沿用了原籍传统的一些方式。经济条件差的大多在家里生，请一位有经验的老年妇女（一般没有报酬），前来接生，或者请来村里卫生所的大夫（要支付一点报酬）。孩子生得顺利，则花费就特别少，否则中途生得不顺利，还得前去医院生，这也是一笔不小的开支。因此在谈起农民为什么不喜欢去医院生孩子的原因，说法比较多，最为主要的还是费用问题，在家里顺产，支付的产费大约是200～300元，在县级医院生孩子的花费一般是2000～3000元，对于一个生活并不宽裕的农民家庭，这之间的差距使他的选择就很明确。在二宫村给孩子办出月也是件大事，由于家庭的收入不一，有人则前去清水河镇的饭店办得很隆重，家庭情况不好的，亲戚和邻里前来庆贺，简单了事。

（二）成人仪式

成年礼是旧时青年跨入成年阶段时举行的仪式。形式因民族不同而各具特点：汉族男子 20 岁行加冠礼，女子 15 岁行加笄礼。二宫村是一个多民族村，成年礼也各异。在广大伊斯兰世界，一般是将割礼作为成年礼来看待的，割礼即是将那孩子生殖器过长的包皮通过手术的方式割去。虽然割礼的年龄并不和青年转入成年的年龄一致，但是从人生礼仪的全过程看，割礼无疑是成年的标志，是婚前的必要准备。

回族成年礼最为重要的也是割礼，回族俗称"逊乃提"，也叫割礼或成丁礼。回族男童一般在 5～9 岁实行割礼，因为伊斯兰教规定男孩到 12 岁，已经懂事，要开始承担宗教义务，履行"天命"和"逊乃"的宗教功课。这样宗教上的一些规定长期发展，久而久之，慢慢地便成了回族的风俗习惯。回族群众对割礼非常讲究，气氛隆重。割礼这天，家庭经济条件较富裕的，要给小孩换上一身新衣服。家里一般要宰羊、宰鸡、炸油香。请阿訇念经，过"尔麦里"。左邻右舍的亲戚朋友要给小孩散"乜贴"（小费），以示庆贺。

维吾尔族人称成年礼即割礼为"海特乃托伊"和"居宛托伊"。海特乃托伊，系阿拉伯语译音，维吾尔族人把割礼看做一个人生命过程中如同婚礼一样重大的仪式，有的地方将割礼叫做"小婚礼"。维吾尔族传统上割礼的年龄偏重于接近 12 岁，认为这样孩子懂点，能够主动配合。但现在父母更喜欢早做这项手术，特别是城市里的，这样更有利于伤口的愈合。农村举行割礼的时间，一般为凉爽的金

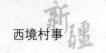
秋或转暖的新春季节，在伊犁，大多数人往往把杏花的盛开作为施行割礼手术的最佳时机。这样做主要是考虑到天气凉爽，不至于感染，易于恢复。但现在开学前的8月中旬举行割礼逐渐多起来，不至于由于割礼而影响孩子的读书，具体割礼的日子一般都选在"主玛日"，即礼拜五。时代在变，习俗也在变化。在二宫村，一些家庭条件较好的维吾尔族群众会将孩子带到医院里实施手术，只是在手术后，进行一下相关的宗教仪式即可。他们认为这样比较卫生，更重要的是可以减轻孩子的痛苦。

在传统的割礼习俗中，谁家举行割礼并不大声张，只是力所能及做一锅的好饭，全家人与施行割礼手术的阿訇共餐，就算割礼完毕。一些亲朋好友闻讯带若干鸡蛋或一碗可口饭食来探视一下，也足以表达庆贺的心意和美好的祝愿。现在孩子割礼也有送礼金的，有的地方似乎成了一种经济上的负担。

施行了割礼手术的孩子，要吃大量的煮鸡蛋。来探视的亲朋好友也总把鸡蛋作为贺礼必不可缺的一项内容。按照维吾尔族的说法，送鸡蛋、吃鸡蛋的用意在于对生殖力的追求。其次，蛋和睾丸的外形十分相似，而且在其俗语中同是"图胡木"，即卵的概念，都与生殖密切相关。按照传统的思维定式，人们相信在实施割礼手术后吃鸡蛋，就能达到"同能致同"——蛋能补"蛋"的目的。

据村民介绍，在施行割礼时，清真寺的伊玛目会被请来，阿訇自己备好刀片，做手术的"器械"是常见的一把折叠式木柄小刀（折叠式木柄小刀集市上有卖的），在火上消毒，这时小孩子多会表现出害怕，伊玛目用手捏住孩子的"鸡鸡"包皮，并用手拉长，用两片芦苇秆将包皮夹住，芦苇秆的上端靠里，下端朝外，略呈斜面，把要割去的部分突出在两片芦苇秆之外，伊玛目会告诉他，现在就不做了，长一半年再说，其他人也会随声附和，这时小孩子大多会信以为真，消除紧张心理，趁小孩不注意，准确而迅速地一刀削去，同时用棉花灰涂抹在上面以止血。等他感觉到疼时，割礼已经完成了，旁边的亲人就很快地将一个鸡蛋塞到小孩子的嘴里，也有给孩子吃烤肉的，同时在旁边许诺买其他小孩子平时想吃的东西来安慰。孩子的母亲一般会远远地避开，甚至不让她听到孩子的哭声，对此在民间还有一种说法，如果孩子哭声被母亲听到，在以后儿子娶来媳妇时，婆媳关系就处理不好。割礼后40天左右，家里要举行盛大的庆贺，割礼的男孩是其中主角，亲戚、朋友要前去祝贺。

据一些资料介绍维吾尔族还有为女性举行成年礼的习惯，一般称为居宛托伊，系维吾尔语译音，是一个合成名词，"居宛"意为少妇，加"托伊"意指为少妇举行的成年礼，二宫村村民不太注重这一礼俗。

（三）多彩的婚礼

婚姻是人生最为严肃的问题，民族不同婚俗各异。传统上的维吾尔族婚礼分成两天进行。第一天在女家举行出嫁仪式，当天上午，由男方的伴郎们簇拥着新郎，吹吹打打去女家娶亲。举行仪式时，客人分男（左）、女（右）两厢，由阿訇居中主持婚礼，念《古兰经》，然后问新郎是否愿意结婚，得到肯定的回答后，阿訇将一块馕掰成两块，蘸上盐水分别送给新郎和新娘，当场吃下。一种说法是这表示同甘共苦，白头偕老；另外一种说法是看谁先吃到嘴，

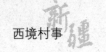

谁先吃到，谁说话就有分量，就算数，就在家里处于显要地位。有人认为抢吃蘸盐水的馕这一仪式，有萨满教文化的遗风，可能是维吾尔族人早期宗教文化的历史记忆。

这时出嫁仪式进入高潮，在弹布尔、打甫的欢快乐曲中，来宾欢歌曼舞，舞毕即入席就餐。仪式结束后，新郎回家做迎亲的准备。下午，穿戴一新的新郎，在亲友的簇拥下去女方家迎娶新娘，一路上迎亲的小伙子们打起手鼓、吹着唢呐、弹着热瓦甫兴高采烈地唱着迎新娘歌，整个迎亲队伍充满了欢乐的气氛。新娘被接走前，新娘的父亲为女儿祝福，新娘与家人哭别。在迎亲的过程中，沿途乡亲可以拦住迎亲队伍，迎亲队伍要送礼物给拦路者。当新娘来到婆家门口时，新郎的家人为新娘铺上了红色的"帕炎达孜"（一块长布），新郎新娘刚走过，女宾们便扑上去抢那块布，场面甚是热闹，进屋后，青年男女唱歌跳舞进行揭面纱仪式。其中一人乘跳舞之机快速地将面纱揭去，然后客人们入席吃喜宴。晚上举行麦西来甫，大家尽情地唱歌跳舞，尽情欢乐。

婚后第二天早晨，新娘、新郎在伴郎、伴娘陪同下，分别去给岳父母、公公、公婆行礼问安。婚后一周之内，双方家里都彼此宴请亲友。现在随着社会经济文化的发展，基本的形式没有太大的变化，同时增添了不少符合时代精神的新内容，婚姻程序更为简捷热闹。

汉族的婚姻礼俗就相对简单多了，该村的村民中汉族村民大多来自20世纪五六十年代，在特殊年代的"革命婚姻"冲击下，两张床合一张床，就完事了，而且大多来自不同的地方，也没有一个统一的婚俗，于是，到了现在的一代，关于家乡传统的婚俗几乎消失了，看到城市里怎么做就怎么做，以简单热闹为主。

回族的婚姻，虽然婚权名义上要由男女双方决定，父母只有帮助儿女拣选之责，而无包办之权，但事实上回族的婚姻，"父母之命、媒妁之言"的束缚依然很严重。先由男方请亲朋故友到女方家提亲，所送礼物因沿袭当地习俗而各不相同。一般需拿上糖、茶等两色礼。如女方家长和本人同意，即可约定正式订婚日期，否则退回礼品。订婚日期确定后，由媒人率领女婿及其亲属到女方家做客。送礼时男方一般需送衣料4至10套，各种化妆品一份（但须配成双），四色礼一份，羊一只，送齐礼钱。同时，还要给女方父母、祖父母各送衣料一套。给女方叔、伯家各送四色礼一份。女方家要宰鸡、羊款待男方，并回送衣料一套、鞋袜各一双，油香、肉以及其他食品，这些习俗和汉族的基本上是一样的。现在基本上以现金为主。结婚之日，新娘及送亲人进门后，男方家长给阿訇呈上政府颁发的结婚证明书，然后由阿訇、父兄和媒人共同主持婚礼。阿訇先向男女双方询问姓名，是否同意婚事，并问女方要多少聘金，当男女双方同意婚事，男方并愿如数给女方交聘金时，阿訇念一段《古兰经》，这时参加婚礼的人一齐动手抢席上摆好的核桃和枣，至此婚礼结束，送亲人即入席赴宴。

二宫村的哈萨克族村民不多，但在多民族村子，也很有特色，村民是这样介绍的：在哈萨克族传统婚礼中，哈萨克族婚礼一般要举行3天，第一天，新郎带领伴郎前去娶亲，女方会以哈萨克族习惯招待他们，接受亲朋好友、左邻右舍的贺喜。第二天休息一天，第三天正式娶新娘。临近婚期的前几天，新郎就带着伴郎和几个小伙子到新娘家迎亲。在接走新娘之前，新娘家准备喜宴。喜宴之后，男

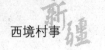

歌女唱。到了婆家，婆家举行盛大的迎新娘喜宴。当婚礼开始，举行揭面纱仪式，晚上，为新娘的到来举行晚会，人们弹起冬不拉，一边歌唱。新娘的车路经之处，常常有人用绳子拦车，以此索要喜果，图个喜庆。娶亲队伍只要给他们一块布料或者一条毛巾，一些炸果，拦车人就放行了，这也是哈萨克人一个独特的风俗习惯。

（四）生命的最后典礼

伊斯兰教非常注重慎终，主要表现在三个方面：

（1）临终时，其子女、朋友在身旁要不停地提念伊玛尼，使亡者忠于伊斯兰教之道。《古兰经》云："易卜拉欣和叶尔孤卜都曾以此嘱咐自己的儿子说：'我的儿子们啊！真主确已为你们拣选了这个宗教，所以你们除非成了归顺的人不可以死。"

（2）临终之人身旁的提念者诵念清真言，或对着临终之人的耳朵提念清真一言，一定要使其领悟，最好能在咽气之时诵念："万物非主，唯有真主！"

（3）咽气后，应内外保持肃静。因为此时人虽气绝，但心神恍惚，绝不可高声喧语和号哭呼叫，以避免扰乱亡者之心。

虽然同为穆斯林，由于受到民族历史文化及生活方式的影响，维吾尔族人的丧葬风俗却有别于其他信仰伊斯兰教的民族。首先，村里的维吾尔族人一听到某人去世的消息，只要是自己认识或熟悉的人，不论在做什么都要停下，双掌展开举在脸前，口呼"阿敏"，进行"都瓦"，有人说这表示对这一消息的惊愕之情，也有人说有祈祷逝者的灵魂升入天堂之意，同时尽快地将这一消息通过各种方式告诉给周围其他与逝者有关的或认识的人。

如果情况允许，在逝者神情清醒的状态之下，家人要请村里的阿訇或长者主持家庭成员之间的财产分配事宜，然后举行念经仪式，逝者如果此时比较清醒，则要进行临终前的忏悔，一旦气绝，阿訇或在场的男性长者，就上前抚平其没有闭住的眼睑，再用白布将其下腭托住，绑在颅顶，并将双脚大拇指绑在一起，双手平放在胸前。此时，就要由逝者家族的男女长者，给其主要直系亲属男性以白布缠腰缠冠，女性同样白布缠腰，戴一层或两层白布头巾。缠腰白布和白头巾拂晓时戴上，黄昏时解下，有点像汉族的披麻戴孝。

维吾尔族人一般讲究速葬，逝者的遗体一般不过夜，如能来得及，就要在正午乃麻孜（穆斯林每天五次拜功之一）后下葬，早亡晚葬，晚亡午葬，如要等待最亲爱的亲人，尸体存放也最多不超过3天。村里的阿訇要为其净身，裹上一层白布，安放在灵床上。然后由亲朋好友抬到附近的清真寺，在此各自净身后，由阿訇带领本寺信众，念一段有关殡葬的《古兰经》经文。

礼毕，则由逝者的亲朋好友抬着灵柩，跟着其主要直系亲属直奔墓地。如果比较远，完全抬着前去墓地的不多。下葬时要将遗体面西下葬，这与圣地麦加的方向一致，不要任何随葬品。因为维吾尔族大部分穆斯林讲究赤条条地来，同样赤条条地去。

当然，葬俗随着时间流逝也在变迁，1901年9月斯文·赫定的探险队伍中有维吾尔族人，途中名叫卡尔帕特的一名维吾尔族男子身亡。晚上到达目的地后，穆斯林举行了仪式，遗体安放在帐篷中，穆斯林同胞们将其洗净用

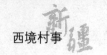
白布裹好，在帐篷外面毛拉·沙大声朗诵了一段《古兰经》，然后把死者运往墓地放入墓穴，罗希·毛拉则向死者致辞："你是一个忠诚的穆斯林，你从未伤害过我们，我们将怀念你，我们将为你的离去而哭泣。你一直体面而周到地服侍着你的主人图拉。"[①]

除了送葬仪式，维吾尔族人一般还要举行三日祭，主要是邀请亲朋好友参加，主要的内容为大家聚在一起吃顿简单的饭菜，诸如抓饭之类，然后由神职人员念经，并于第二天清晨，由逝者主要的直系亲属到墓地扫墓念经。七日祭则规模大一点，邀请亲朋好友、单位同事参加，还要发出请柬。然后就是四十日祭和一周年祭，祭奠活动的规模同七日祭。这些祭奠活动在维吾尔语里称为"乃孜尔"，餐毕必念经。七日祭后，由家族长者解下逝者亲属的白布白头巾，由逝者亲属的朋友，将逝者亲属分别领回各自的家。

另外，维吾尔族家庭主妇在服丧期间，七日内一般不举锅做饭，每逢星期四都要炸制油饼，以示对亡灵的悼念。亲朋好友及邻居的主妇要给居丧人家送饭，大多是诸如烤包子和薄皮包子之类的，装在一个盘子里，外面裹上餐布，俗称"塔瓦克"，以示慰问和哀悼。现在的维吾尔族城市主妇一般顺路在超市购买现成的"塔瓦克"送上。遗孀则要守灯，即要保持亡夫住过房间的灯亮一年，并不得随便外出。开斋节和古尔邦节乃麻孜后，亡灵亲属都要上坟扫墓念经。妇女不能进入墓地，只好在村口遥望送葬的队伍。同时异教徒和无关的人不得在场。如遇穆斯林的斋月，白

---

① 斯文·赫定：《西极探险》，王鸣野译，新疆人民出版社，2003。

天一律不举办任何祭奠活动，所有的祭奠活动改在黄昏开斋之后进行，而且规模也比平时小得多。

回族也实行土葬，人殁后，亲属即暝其目，合其嘴，顺其手足，然后置遗体于木床或地上，由亲属守候，不得离去。病故在医院者，一般要在未停止呼吸前抬回家中，忌讳停放家外。讲究速葬，须在三日内埋葬。其家三日内不动烟火，由亲朋邻居供给饮食。吊唁者，一般要赠送钱、米、面和香，以助葬费，但忌送花圈。头北、足南、面向西。坟内不置任何东西。一般也不用砖石木料砌筑，但土质不好，或有水的地方，可用木料、水泥加固，但尸体必须着地。埋葬前要用净水洗濯（大小净），洗后用白布包裹，然后由阿訇率领全体送葬者在死者前面站"整那则"（祈祷），事毕即埋葬。送葬时，妇女不送殡，不去坟地。埋葬后，由阿訇念《古兰经》一段。葬礼即告完成。送葬前后亡人家中要给参加送葬的人散钱施舍，富者施舍多，穷者量力而行，无一定数额。送葬后，亡人亲属要在殁后七日、四十日、百日、周年、三年及其生殁之辰，请阿訇举行悼念。

二　节日礼俗

传统节日是文化传统的重要载体，它承载与传递着传统。多民族的二宫村节日礼俗丰富多彩。

汉族是新疆的世居民族之一，定居新疆已有 2000 余年的历史，不但早于蒙古、哈萨克、乌孜别克、满、回、锡伯等族，而且早于回鹘西迁。除了世代居住的汉族人，在当代随着新疆的开发和建设，又有许多汉族人陆陆续续来到新疆，按他们的话讲，由于来自四面八方，各有各的习

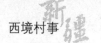
俗和"礼性"。并且又因为和少数民族相处的原因,所以大家都不是特别的坚守"自己",而是在保持基本原则的前提下,彼此迁就,互相体谅,渐渐地,形成了有新疆特色的各种礼仪和"讲究"。

不过和内地相比,这些礼仪和讲究,都不是那么的严格,多数情况下都是比较宽松和随意的,按照村民的说法,怎么方便怎么来,有钱就办,没钱就不办,没有人说你,更没有人笑你,内地比这里要讲究。

二宫村的几位老人告诉我春节、中秋团圆、清明祭扫等传统节日依然很重要。过"春节"是汉族人千百年来的传统节日,也是一年中最隆重的节日。过年时,除夕传统的守夜基本上让看春节联欢晚会给代替了,初一拜年也基本上去与自己关系密切的几家。新疆的汉族人过年,除了吃饺子,桌上还会摆上馓子、韭叶子、巴哈力、巴旦木等吃食。而后者呢,是穆斯林群众的传统食品。

图 5 - 5　做客维吾尔族肉孜节

　　维吾尔族是一个多节日的民族，主要有肉孜节、古尔邦节、拜拉提节、冒德路节、那吾肉孜节和都瓦节等。

　　肉孜节和古尔邦节来源于五功中的斋功和朝功，现已发展成为维吾尔族的两大宗教节日。"肉孜"是波斯语，意为"斋戒"。传说，古时候为了躲避异族统治者的侵犯，人们就躲在深山里，白天不生火，月亮出来以后才开始做饭吃，历代沿袭，成为习俗。每逢肉孜节那天，白天滴水不饮，粒米不沾，要到晚上才吃东西。这样的生活连续一个月，然后才恢复平常的饮食习惯。伊斯兰教规定，成年的教徒每年都要封斋一个月，肉孜节一般在伊斯兰教历 10 月 1 日。

　　古尔邦节，回族穆斯林叫宰牲节。"古尔邦"是阿拉伯文音译词，意为"宰牲"。古尔邦节在伊斯兰教历 12 月 10 日，庆祝活动以宰牲为主要内容。宰牲祭祀，感念安拉对人类的慈惠，并进而接近安拉，是这一节日的内在意义。按教法，古尔邦节一人应宰一羊或 7 人合宰 1 牛（或 1 驼）。据传古尔邦节起源于一个伊斯兰教故事：真主为了考验先知易卜拉欣的忠诚，在夜里降梦给易卜拉欣，叫易卜拉欣宰杀自己的儿子献祭。易卜拉欣毫不犹豫地照办了。在他要用刀子割断亲生儿子伊斯玛仪的喉管时，真主便派使者用一只黑头绵羊替代了伊斯玛仪。因为有此渊源，在过古尔邦节的时候每户穆斯林都得至少宰一只羊，有条件的还宰牛、骆驼、马，作为一位穆斯林家里实在太穷的也得宰一只鸡，以纪念此事。宰的牲畜肉不能出卖，除将规定的部分送交寺院和宗教职业者外，剩余的用作招待客人和赠送亲友。

　　随着社会的发展，肉孜节的封斋也开始有些变化，许

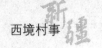

多年轻人由于要完成各种生产方面的劳动，不吃饭体力不支，所以在斋月期间可以不封斋，而把肉孜节作为传统节日来庆祝。早在肉孜节到来之前一个月，人们就要粉刷房屋、打扫庭院、理发、洗澡等，不仅要为节日准备吃的，还要忙于赶缝节日的服装，商店里储备了大量的节日货品。

当地的汉族群众一般将这一节日按照自己节日的习惯，称肉孜节为小年，将古尔邦节称为大年。节日前，家家户户打扫卫生，粉刷墙壁，为家人购买新的衣服，准备过节的食物。过节期间，节日清晨成年男子要去清真寺参加会礼，孩子们尽情地游玩，一番节日喜庆景象。我们进入二宫村调研的第二天，正赶上肉孜节，早晨9点，恰好就是维吾尔族群众去清真寺做会礼的时间，由于新疆地处西部，乌鲁木齐时间和北京时间刚好差两个小时，9点到10点刚好和北京时间的七八点差不多，人们去清真寺也不是特别的按时，从我们到清真寺门口到礼拜结束，不时有穆斯林群众往清真寺里赶，有年轻人、也有胡须全白的老年人，从外朝里边看，跪在地板上虔诚的穆斯林在聆听阿訇的宣讲。

维吾尔族最为盛大最隆重的节日就是古尔邦节，节日前的各种准备比起肉孜节更为重视，节日清晨成年男子要到清真寺做礼拜、诵经、上坟。做完礼拜回家宰羊煮肉，对穷人进行施舍，对宾客热情招待。穿着节日盛装的维吾尔族人要互相走访，互相问候，传统上青年人或歌或舞，聚会娱乐。

在二宫村的邻村作问卷时，我看到几个维吾尔族大姐在聊天，便上前去问他们，是否可以做一份调查问卷，其中一位大姐的汉语说得特别流利，表示可以做，这时她的

图 5 - 6 肉孜节走出清真寺的村民

丈夫,一位壮实的维吾尔族汉子走了过来,瓮声瓮气地告诉我,"我老婆做这个问卷没有任何问题的,她上过汉校,汉字也写得相当好……既然来了,我们在过节,就要进去做客的,边喝茶边谈"。

他叫阿卜杜拉。在他家的大炕上,他一定要我坐在上方,我记得维吾尔族的习惯就是要客人坐到上方以示尊重。炕桌上满是各种干果和各种油炸食品,阿卜杜拉的妻子给我呈上一小碗奶茶,他告诉我他家有两个孩子,女儿的学习还不错,读高一,儿子读初二,两个上的汉校,家里的经济情况不好,家里劳动力少,很少出外打工,就是种地的收入。但他的希望就在两个孩子身上。就在这时候,进来了几位老人,我顺势就坐在炕边,这几位老人是前来做客的。

在肉孜节,男人们基本上要到各家走走,相互礼节性拜访,大家很随意地聊着,由于说的是维吾尔族语言,我一句也听不懂。坐了大致有 10 多分钟,又来了一批客人,

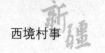

早到的客人就开始到别的家去做客了。

下午在一家哈萨克家里做客时，我对这家人乐观的性格所感慨，主人名叫拉斯丁，是 50 年代的民兵队长，老党员，现在已经 70 多岁了。大儿子是个残疾，在牧场给人雇用去放牧，老二是个女儿，老人告诉我，离婚了，见我似乎没有反应过来，他女儿补充道："离婚了，就是男人不要了。"他们好像不太忌讳这种说法，现在带着自己 5 岁的小孩住在娘家几年了。小外孙女看到家里来客人了，兴奋地跑出跑进。还有一个儿子 20 多岁，到现在还没有女朋友。炕桌上的干果种类更多，屋里屋外特别整洁。这是一个遭遇不幸但很幸福的家庭，这可能就是民族特性的不同。

新疆是个多民族聚居的地区，随着时代的发展，各民族之间存在着各种文化渗透。现在生活在新疆的汉族人都很喜欢维吾尔族的传统节日古尔邦节和肉孜节，他们认为这两个节日非常热闹。同样近年来许多维吾尔族人也喜欢过春节了。

拜拉提节也是很重要的节日，"拜拉提"是阿拉伯语的音译，意思是"赦免"，时间是教历 8 月 15 日。根据伊斯兰教的传说，这天夜晚，真主都要降临巡视人间，决定一年内的生死祸福，因此，穆斯林在拜拉提节之夜要诵经、礼拜，祈求真主赦免，不能睡眠，白天要谨言慎行，用心念经，以免触怒真主，招来祸患。维吾尔族穆斯林过拜拉提节，不举行会礼，不相互拜节，但是，炸油饼子是节日中非常重要的事情，这一天，穆斯林家庭都要用植物油炸油饼子，炸不起油饼的家庭，也要想办法弄点油炝锅，民间把这个风俗称作"散油味"。节日中，许多穆斯林要选择适当的时刻（晚上或者白天均可），带上提前炸好的油饼子，到过去的一年中有亲人去世的穆斯林家中慰问，慰问者要身穿素服，神情庄重。见面后，宾主相互问候，客人先提起"阿布杜瓦壶"给主人洗手，招呼主人坐在餐布边上，然后，拿出自己带的油饼子一起吃，并劝慰主人。主人也拿出家中的食品招待客人，主人与客人一起回顾追忆死者生前的事迹。如果大家是近亲，往往要一起坐夜。

　　哈萨克族的节日和维吾尔族的有许多相似之处，其中每年都要过的那吾肉孜节（相当于汉族的春节）是一个比较重要的节日，时间在每年的春分。这一天，各家各户都用小米、麦子、大麦、奶疙瘩和肉等混合做成"那吾肉孜饭"，唱"那吾肉孜歌"，祝贺新年。按伊斯兰教的规定，每年主要过肉孜节和古尔邦节，与维吾尔族相同。哈萨克族素以热情好客而闻名。凡有客来，无论熟识与否，均竭诚相待。他们以宰羊待客为体面的事，若是贵客，还要宰一匹两岁的马驹款待。哈萨克人有一句俗语：如果太阳落山时放走客人，就是跳进河里也洗不清这个耻辱。

　　哈萨克族民俗活动中，最有意思的是"叼羊"了，虽没有亲眼看见，但村民们描述的热闹场景却很清晰。一般先选中一只小公羊，谁家有喜事谁家提供羊，大家骑着马在他们家门口不走，直到要上一只为止，其实也是早就准备好了的，这只羊在前一天不能让它吃草，也不能让它喝水，当天再让羊喝一小盆盐水，还得有一些仪式，例如念经仪式等等，接着活动开始。哈萨克族叼羊分为追击叼羊和原地叼羊，一般都有一二百名骑手参加，但二宫村及附近的村子很难找到这么多骑手和马匹。骑手则你追我赶，争相抢夺。最终叼羊落到谁手中，就在他们家里给大伙儿做好了吃，而且主家必须提供酒给大家。现在这样的场景

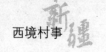

越来越少，一位小姑娘说："他们（骑手）大声喊叫，马也跑得快，怪吓人的，现在这种活动少了。"

三 生活习俗及禁忌

维吾尔族的住宅，多成院落，一般大门忌朝西开。二宫村的村民房子大多朝南，似乎更多地考虑采光，房屋呈方形，有较深的前廊，庭院多栽花卉、葡萄、果树，打扫得十分洁净。室内砌土炕，墙上挂壁毯，开壁龛，并饰以多种花卉图案。饮食方面，他们以面粉、大米为主食，喜喝奶茶，佐以面粉烤制的馕。饭菜种类很多，有抓饭、肉粥、拉面、汤面、薄皮包子、烤包子、油塔子、烤肉等。喜欢吃甜瓜、西瓜、葡萄、苹果、梨、杏、石榴等水果，主要吃牛、羊肉以及鸡、鸭、鱼肉；禁食猪肉、驴肉、食肉动物及凶禽猛兽；禁食一切动物的血。

维吾尔族的传统服装为，男女老少均戴四棱小花帽。男子普遍喜欢穿对襟"袷袢"（长袍），内着绣有花纹的短衫。女子喜着连衣裙，外套黑色对襟背心，戴耳环、手镯、戒指、项链等装饰品，姑娘多梳小辫，现在城市居民一般穿时装。

维吾尔族人待人讲究礼貌。在遇到尊长或朋友时，习惯于把右手按在前胸中央，然后身体前倾，连声问好。家里来客都热情招待。维吾尔族是一个能歌善舞的民族，他们的舞蹈轻巧、优美，以旋转快速和多变著称，反映了维吾尔族人乐观开朗的性格。维吾尔族以农业为主兼营牧业，有经商传统，同时传统手工业十分发达，而且具有较高的艺术水平，他们制作的地毯、刺绣、丝绸衣料、铜壶、小刀、民族乐器等，具有独特的民族风格。

图 5-7　日常不可缺少的馕

　　由于二宫村周围已经没有了草场，该村的哈萨克族牧民的生活习俗变化比较大，过上了定居生活，在衣食住行上大多与周围的村民相融合。哈萨克族的传统饮食主要有茶、肉类、奶类、面类，茶是哈萨克牧民的必需品。肉类食品是哈萨克族的另一主要饮食。肉食主要是羊肉、牛肉和马肉，平时一般多吃羊肉，肉分鲜肉和熏肉两种。哈萨克的传统习惯：一日三餐，白天的两餐，主要是喝茶，伴之以馕或炒面；一天之中只在晚上吃一顿有肉、面或馕等的食品。这是因为茶中含有芳香油，能溶解脂肪，起消食、提神、清脑作用，所以哈萨克人中流传着"宁可一日无食，不可一日无茶"的说法。

　　哈萨克牧民大多饮用砖茶、茯茶。用茶制作的饮品种类有：奶茶、酥油茶、奶皮子茶。哈萨克族特色面食"那仁"是很有影响的，我们在一家哈萨克族家里就吃了一顿纯粹的"那仁"。将煮好的羊肉捞出来切成块儿，再在肉汤里下一些薄面片儿，煮熟之后捞出来放在大盘子的羊骨头

上，再把切好的熟肉放在面片儿上，浇上事先用鲜肉汤浸过的汁，然后将肉和面片及汤汁拌好食用。白面片，羊肉汤，羊肉及羊骨头，拌上洋葱，味儿独特，只是制作的时间比较长要有耐心等待。

回族由于受伊斯兰教的影响，其教义在生活中处处有所表现。回族的服饰与汉族基本相同，老年男性喜穿黑色或灰色长衫，女戴盖头，男戴帽子，是现在回族保留下来的唯一显著标志。盖头分三种，老年人为白色，中年人为黑色，未婚青年多戴绿色，并以丝绸和细纱料子为尚。回族在饮食方面，除了禁食猪肉外，还禁食狗、驴、骡等不反刍动物的肉，禁食凶猛禽兽和自死的牛、驼、羊等牲畜，禁食一切动物的血，禁食非穆斯林和诵非真主之名屠宰的动物等。回族由于受《古兰经》的影响，严格禁酒，毫无变通办法。长期以来，养成了不饮酒的良好习惯。回族不喝酒，在家里也不备酒具，家里来客人一律不摆酒，当然这些在二宫村的回族村民也是这样做的。

第六章　宗教信仰

第一节　宗教活动场所与宗教人士

　　乡村民间宗教信仰作为中国广大农村既有的社会现象，是有着深厚的历史、社会和文化基础与渊源的，这些传统对村民自治的影响也是不可忽视的。在新的社会形势下，宗教组织和势力面临着转型和发展的任务，这样才能与社会和谐相处，同时促进宗教组织本身健康发展，并对社会经济和政治发展起到积极的作用。

　　在新疆，各族人民充分享有宗教信仰自由的权利，信教或不信教完全由公民自由选择，受法律的保护，任何机关、团体和个人不得干涉。但对宗教活动方面的规定是少不了的，近现代史上，新疆的历代政府对于伊斯兰教的发展多少都出台了一些政策，例如杨增新统治新疆时就规定：

　　只准教民在公办的礼拜寺里举行宗教活动，不准设立私堂，不准在家聚众念经；

　　不准教民念《古兰经》、《圣经》以外的经典，认为只有穆罕默德所创造的经典是"天经"、"正宗"之经典；

　　不准阿訇、毛拉跨地区传教布道，以防止以传教之名，暗传新教或者闹事；

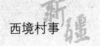

对去麦加朝觐的人员进行限制;

不准另立门户,以防止教派斗争转化为政治斗争。①

20世纪80年代,开展了"五好寺院"、"五好宗教人士"评选活动,其基本点都是本着宗教与政治相分离的原则,在发挥宗教积极作用的同时,将宗教严格限制在可以控制的范围之内。

但随着宗教政策在20世纪80年代宽松以后,宗教场所发展速度特别快,截至2008年,全区有清真寺、教堂、佛道教寺庙等宗教活动场所约2.48万座,宗教教职人员2.9万多人,宗教团体91个,宗教院校2所。20世纪80年代以来,新疆赴沙特朝觐的人数已累计超过5万人,近年朝觐人数保持在每年2700人左右。

截至2008年,新疆宗教界人士在各级人民代表大会、政治协商会议担任职务的有1800多人,他们代表信教群众积极参政议政,并对政府贯彻宗教信仰自由政策进行监督。新疆现有10个少数民族信仰伊斯兰教,人口1130多万。伊斯兰教清真寺由改革开放之初的2000多座发展到现在的约2.43万座,教职人员由3000多人增加到2.8万多人。新疆伊斯兰教经学院成立以来,使用维吾尔语等少数民族语言授课,为全疆各地培养了489名伊玛目、哈提甫或宗教学校教师,现有在校生161人。2001~2008年,新疆伊斯兰教经文学校培训宗教教职人员达2万多人次。由各地(州、市)伊斯兰教协会举办的经文学校、经文班和宗教人士代培的塔里甫有3133名,毕业塔里甫1518名,已有803名担任宗教教职。从2001年开始,为了培养高层次的伊斯兰教

① 陈慧生:《中国新疆地区伊斯兰教史》,新疆人民出版社,2000。

教职人员，新疆先后选派 47 人赴埃及、巴基斯坦等伊斯兰国家的伊斯兰教高等学府留学深造①。

霍城县全县目前人口 36.8 万，其中 6 个兵团 9.5 万人，县辖人口 27 万，由 29 个民族组成，少数民族总人口大约 18 万，全县人口中有 65% 的人信仰伊斯兰教，建有清真寺 300 多个，持证的阿訇有 337 个，伊斯兰经学院一个，伊斯兰教协会一个，另外有三处哲赫忍耶教派的拱北，即第一代教主马民心的两个女儿和妻子的坟墓，穆斯林称其为拱北，在该县县城有一个，62 团有一个，惠远城的是马民心妻子张氏的坟墓遗址。这几处遗址成为全州、全疆，乃至全国哲赫忍耶群众礼拜的中心之一，每年前来祭拜的回族群众数以万计。《伊斯兰教百科全书》中解释："'拱北'，源于阿拉伯语，原为圆形建筑物或拱形墓亭。中亚波斯和中国新疆地区称麻扎，即圣贤陵墓。中国伊斯兰教苏菲派各门宦在其创始人道祖的坟墓上建造拱北，旁边也附设礼拜殿或清真寺、坐静室、诵经堂、会客室和居室等，供人瞻仰拜谒，称为'拱北'，以别于一般的坟墓。"

在该县的民族宗教委员会，我们见到县民宗委的副主任，一位从基层一步一步升职上来的干部，他对全县的宗教工作相当熟悉，说话幽默风趣，他开玩笑说："统战统战包子抓饭。涉及的面比较宽，该县 300 多宗教场所，300 多宗教人士，教派林立，但统战和民委合办，书记兼部长，但人员有限，一般办公室和伊斯兰协会一起，新疆维吾尔自治区书记王乐泉曾讲过，要坚持把爱国宗教人士作为肩负特殊使命的非党基层干部来对待。"

---

①　国务院新闻办公室：《新疆的发展与进步》，新华网，2009 年 9 月 22 日。

他介绍，全县约有一半人口 10 万民众有宗教信仰，有各类宗教活动场所近 400 处。由于回族、维吾尔族、哈萨克族人口比例较高，因此伊斯兰文化盛行，全县共有 300 多座清真寺，其中回族清真寺 188 个，维吾尔族清真寺 74 个，哈萨克族清真寺 18 个。信奉基督教、天主教的主要是汉族居民，其他民族如蒙古族、俄罗斯族分别信奉佛教、东正教等。

一　二宫村的清真寺

伊斯兰教在新疆社会生活中有较大的影响。维吾尔族的清真寺根据其大小规模，一般可分为 5 种类型：艾提尕尔清真寺、加曼清真寺、小巷清真寺、麻扎清真寺、耶提木寺。

该村的两个清真寺和我以前在具有小麦加之称的临夏所见到的清真寺相比，其形式和规格等方面就显得简朴多了，清真寺包括礼拜殿、庭院、凹壁、宣礼塔。三组的清真寺，如果不是屋顶上的一个新月标志，你不会知道那是一座宗教场所的，外表看去就是一座农家小院落。二组的清真寺被称为大寺，现在该寺正在修建大门，大门圆圆的顶子刚修了一半，是明显的阿拉伯风格，贴在上面许多砖雕，沙子也堆在路边，由于刚好是在肉孜节之前，进到寺里不太方便。围墙是铁栅栏，从外边可以直接看到院子里的一切，大殿其实不大，草绿色的门上雕刻着各种花纹，教民在里边做礼拜时，从敞开的大殿门里，在马路上可以看得很清楚。清真寺的建筑主体就是大殿，其实就是一间房子，殿内陈设简朴，墙上挂着《宗教活动场所管理条例》、《清真寺管理委员会责任》、《"五好"宗教人士标准》，地面铺有地毯。

图 6-1　二宫村二组清真寺修建的大门

　　两座清真寺主要供全村的信教群众礼拜和举行与宗教有关的民间风俗活动，比如：婚礼、割礼、丧葬之用。二宫村二组清真寺在伊犁州民族宗教委员会统计表上的编号是F0824，1978 年建成，1994 年重建大殿，现在总面积有 1064平方米，其中大殿面积 345 平方米。该组一共有 270 户维吾尔族。二宫村三组清真寺的编号是 F0825，1978 年建成，1994 年重建大殿，现在总面积 1485 平方米，其中大殿面积300 平方米。

表 6-1　被调查村民的宗教信仰统计

单位：人，%

内　　容	伊斯兰教	佛教	基督教	什么也不信
人　数	31	1	1	12
百分比	69	2	2	27

　　从表 6-1 中看出信仰伊斯兰教的占有 69%，这其实就是被调查村民中维吾尔族、回族、哈萨克族三个民族总和，

这一比例整体上与二宫村信仰伊斯兰教的村民比例是相当的。

由于信教人口总数不大，两个清真寺基本上可以满足群众在宗教上的要求，由于回族群众在信仰上有着不同的门宦，一般信教群众有他们固定的清真寺，这一点在霍城县三宫回族自治乡就表现得比较明显，一个村子就有四五个清真寺，甚至仅隔一条路就看见比较华丽的两个清真寺相对而建，不同门宦之间建寺风格不同，以显示其门宦优于其他门宦。当谈及信教群众有没有固定的做礼拜的清真寺时，他们的回答是否定的，按照他们的说法，就是"就近礼拜"。有时候从田地里回来时，礼拜的时辰一到，走进最近清真寺就可以礼拜，甚至是其他村的也可以，无须讲究，他们认为，真主就一个，《古兰经》就一部，不管人处在什么地方，真主在心里面，古兰圣训在嘴边就成。

在新疆只要细心比较一下，回族清真寺和维吾尔族清真寺区别比较大，喀什的艾提尕尔清真寺，据说做礼拜时寺内可以容纳 3000 人，其广场上可以容纳 10000 人左右，远远看去，一个圆圆的阿拉伯风格的屋顶，再加上墙上描绘的纹饰、图案以及阿拉伯文，无形中给人一种浓厚的宗教气息，我也到过具有小麦加之称甘肃临夏回族自治州，在那里只要有居民点的地方，就可以看见大大小小的清真寺，清真寺的红砖碧瓦构成阿拉伯式的圆顶拱门，钩心斗角的东方建筑风格的大殿，而且一座和一座不一样。教民人口多的，总是更加辉煌，总能给人无限的遐想。有人这样解释，回族由于教派比较多，门宦林立，而维吾尔族没有门宦和教派之分。不存在哪一座寺建设的气派与不气派。按照他们的说法，能为主做礼拜就可以。二宫村二组的清真寺占地面积也不太大，铁栅栏围墙，大门正在建设中，门的顶部也是圆形的，有着明显的阿拉伯建筑的风格，这是近几年受西亚建筑风格的影响。

二　宗教人士

维吾尔族把阿訇称为伊玛目，是清真寺内一切宗教活动的主持，如主持信众做礼拜、祈祷、念经，释教义、教规，排解教民纠纷，维护社会和宗教秩序，执掌教法和主管寺的内务和财产。伊玛目一般都受过专门训练，拥有较多的宗教知识，并且合法地独揽对宗教的解释权。

原新疆维吾尔自治区书记王乐泉曾说过，要把爱国宗教人士作为肩负特殊历史使命的非党基层干部来对待，现在霍城县有258名宗教人士拥有补贴，补贴是600元、400元、200元不等，县政府承担44万元，自治区下拨118万元，享受补贴的资格是任职满三年，拥护党委，能够旗帜鲜明地反对三股势力，在群众中有着较好影响的阿訇。具体人选由村委会推荐，乡政府把关，统战部审核，把关比较严格。

鉴于有一部分宗教职业人士在卸任以后的待遇问题，改革开放以来对宗教工作起过大作用的在退休后，依然保留待遇，享受待遇的占到70%。

二宫村两座清真寺的两位阿訇档案分别这样写：吾斯曼·肉孜，维吾尔族，29岁，初中文化程度，阿訇，二宫村二组，霍城县第五次伊斯兰协会委员。阿不都克力木·沙伊丁，维吾尔族，45岁，初中，阿訇，二宫三组负责人，霍城县第五次伊斯兰协会委员。据村委会介绍，两位阿訇在教学知识上都可以，与当地的信教群众和该村村委会关

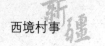

系也比较融洽。

二组村清真寺里的阿訇叫吾斯曼·肉孜，腿有点瘸，在他和我们谈话时，由于有一位维吾尔族村干部在旁边，他的谈话比较谨慎，特别是在谈到村里的情况时，我们只能是问一句，回答一句。在后来的谈话中，这位阿訇道出了心中的苦闷。原来在他上任之前，村里有一位阿訇，但这位能言善辩布道的阿訇有时候宣传极端宗教主义的一些东西，在对待男人留大胡子和女人外出戴面纱态度上不太明朗，甚至暗中支持，和村委会不太合作，给综合治理工作带来了极大的不利，使得二宫村成为全县甚至全州的重点监控，县上成立了工作小组，进驻该村，协助村委会工作，后来他的阿訇资格被取消了。这位阿訇后来开始做生意了，生意不错，其在群众中的影响力不但没有因此下降，相反利用做生意的收入，时不时地给贫困的村民送点生活用品等等，在村中的威望较高。

村支书在谈到这前一任阿訇时是这样评价的："二宫村村里有几个商人，资产雄厚，以搞牛羊育肥、贩皮、贩苹果起家，其中一个人的号召力比我们大百倍，他50多岁了，以前是阿訇，他说的话，这里人都相信。他有钱，逢年过节，给贫苦维吾尔族人肉等补助。喜欢上访，搞些小动作。为避免他私下朝觐，护照最近被公安收了。他现在鼓动几个人上访，说迁坟的钱不够。我去他家，说你别去，这事与你有啥关系。他自己有冷库，搞冷冻，啥赚钱做啥，小恩小惠，村民中间有点威信。"

在和现任阿訇谈到宗教人士在村民中的威望时，这位阿訇有点尴尬，短暂的沉默以后，阿訇告诉我们由于身体有残疾，按照穆斯林的习惯，[①] 身体残缺是不可以宰牲的，而在宰动物时，按照伊斯兰的规定经过阿訇之手的是最好的，教民虽然没有明确说出来，但私下的议论早就进入到他的耳朵里了，这也没有办法。

虽然伊斯兰教不歧视残疾人，认为胡达制造了万物，身体的残疾是胡达赐予的与本人没有关系，这一点上，和汉族传统观念里对残疾的认识上是有很大的不同的。我以前在一个汉族的寺庙里看到过一些警示语，上面告诉你这辈子做一些错事，下一辈子就会有什么样的报应，这本身是警世之言，告诉大家不要做错事，比如：破坏寺庙里的树木，下辈子就会秃顶；老说别人闲话的，下辈子就变成侏儒；等等。但人们的思维方式却会反向考虑这些警告，看到秃头就想一定是前一辈子破坏过寺庙里的树木，看到身体矮小就怀疑上辈子一定是说过别人闲话的，诸如此类不胜枚举。伊斯兰教的解释却不是这样的，人的身体是胡达给的，不是自己能够改变的，但不论怎么样，阿訇这样子的身体就是众人眼中的不完美，因此当他谈到在教民中的威望时，就表现得有点尴尬。

三 唯物主义洗礼的汉族

一位在伊犁出生成长的学生在其毕业论文中谈道："谈

---

① 伊斯兰教认为天地间一切都归真主，而一切有生物的生死，也由真主安排。所以，人无权宰杀任何动物，除非以真主的名义而宰。宰牲前必念"台斯米"，即"奉至仁至慈真主的名义。安拉至大！"以此表示此牲已归真主，同时宣布此物合法可食，否则，不可食。伊斯兰教法规定，凡是穆斯林，会念台斯米，懂得宰杀技术，并有一定宗教操守，即可持刀屠宰。在二宫村村民认为，伊玛目是最能以真主名义宰杀动物的人物。

起信仰我很惭愧，因为在我从小生长的环境里几乎见不到寺院、庙宇，反倒是周围的那些维吾尔族和回族等其他民族的清真寺给我留下了很深刻的印象，看着他们一个个带着虔诚的目光进入那座以弯弯新月为标志的建筑物，然后带着一种收获的满足从那里边走出来，我的心对那座建筑物、对自由出入的人们充满好奇。我被大人告知，那是'别人'的地方不得擅自入内……这样我对父辈、对内地的认识就只是停留在口传心授的现实层面，我们无法将历史与那一座座寺庙图景接在一起……随着伊宁城最后一座韩式古建筑（城门）于20世纪70年代中期被拆毁，这里的汉文化遗迹更是无处可寻。"[1] 这其实是对居住在新疆的汉族整体在宗教信仰方面的一个真实写照。

二宫村是一个多民族村，其中一组是个汉族村村落，在谈及二宫村汉民族信仰的时候，我们先得商榷一下关于宗教信仰的问题。有资料统计，在全国有宗教信仰的人数在一亿左右，相对于中国的13亿人口而言，比例的确不高。新文化运动的代表人物胡适曾经说过："中国是个没有宗教的国家，中华民族是个不迷信宗教的民族。"梁漱溟也认为："世界上宗教最微弱的地方就是中国，最淡于宗教的是中国人……中国偶有宗教多出于低等动机……"马克斯·韦伯，在其著作《中国的宗教：儒教与道教》中认为中国的民间信仰是"功能性神灵的大杂烩"。的确宗教一词本身就是个舶来品，要完全套在中国民间宗教的信仰上似乎有些不妥，但中国农村里的许多现象要给予宗教的解释，就

---

① 张咏：《认同与发展——一个边疆汉人移民社区的文化研究》，中国硕博论文库，2008。

显得有些捉襟见肘了。

　　杨庆堃先生对宗教在中国传统社会中所处地位的总结，以及他对宗教在社会不同层面所发挥作用的解释，比如家庭整合中的宗教、社区层面的宗教活动、天命信仰等，我国学者基本都能接受。正如杨庆堃所描述的，"在中国广袤的土地上，几乎每个角落都有寺院、祠堂、神坛和拜神的地方……表明宗教在中国社会强大的、无所不在的影响力，它们是一个社会现实的象征"。这个说法还是比较符合中国农村的实际情况的。

　　在二宫村没有佛寺，也没有道观，剩下的只是对去世亲人寄托哀思时的一些零零散散的民俗上的祭奠祖先的程序，按照严格意义上的宗教定义，是划不到这个范畴里面的，但又没有理由将其划归到宗教信仰以外的其他范围里，从社会学的角度来看，中国人对韦伯关于中国整体宗教的解读不太接受，更易于接受杨庆堃和李向平谈到的公共宗教和私人信仰。我们可以将不去寺庙、道观礼拜但祭拜祖先的汉族人划归到私人信仰里面。

　　从统计中看出二宫村"什么也不信"的村民大多是汉族，其中有一户填写佛教的，在和他谈到信仰佛教的原因时，他说："也不是真的佛教信仰，只是从选项中看到就这几项，伊斯兰教和基督教自己的确不去信仰，我们汉族人有时烧香敬奉神仙，就是佛教了，于是就选择了这一选项。"也是对宗教信仰的一种模糊认识吧。

　　二宫村一组又叫江苏村，人口基本上是 20 世纪五六十年代移民过来的，那是一个革命风潮压倒一切的年代，普通老百姓不论是知识分子还是文盲，大多经历了唯物主义历史观的洗礼，特别是意气风发的支边青年无不为信仰共

产主义并为其最高理想而高唱，以宗教信仰为封建迷信而加以鞭笞，家乡传统的信仰大多被抛弃了。在二宫村建村过程中，不会也不可能将家乡的山神土地带过来，所以该村也没有土地山神庙，大家来自不同的地方，要形成一套供村民共同使用的民间信仰礼俗，似乎也没有可能。

在和村民的交谈中，村民反映，村里没有老家所谓的阴阳家，也就没有了风水先生。随着改革开放的到来，政策是宽松了，有人想学点这方面的技能，也没有人来传授。但这样说二宫村的汉族村民没有宗教信仰似乎也解释不通，杨庆堃认为：中国宗教可以概括为制度性宗教和分散性宗教。李向平在其《信仰、革命与权利秩序：中国宗教社会学研究》一书中将这一概念发展成为"公共宗教"和"私人宗教"，因此在中国的汉族聚居区不进入寺庙、道观包括乡村的山神土地庙内上香，但在传统节日中举行的一些仪式，包括丧葬方面新成的一些规矩，无不充满私人信仰的印迹。

在和村民谈起有没有宗教信仰时，大家异口同声说：没有搞封建迷信的，也没有烧香拜佛的。按照这种思维方式，烧香拜佛就是宗教信仰，就是封建迷信。当谈到村里有人去世，有没有阴阳家或者风水先生选择坟地，大家异口同声说："有汉阿訇啊，而且有两位。"怎么叫汉阿訇，原来，村里有老人去世后，得有人懂得一些安葬的规矩，就像附近维吾尔族、回族村里的阿訇一样，要在他们的主持下才能完成穆斯林的葬礼一样，因此他们习惯上把懂规矩的这两位老人叫成汉阿訇。在这方面就只剩下对一些节日和葬礼显露出一丝丝信仰的痕迹，而汉阿訇就是执行者，这两位汉阿訇为逝者入殓、选择坟地，敲定下葬时辰，组织村民完成整个葬仪，而且分文不取，是义务的，只是请吃顿饭就可以，当然这也谈不上骗吃喝的事。在他们干不动的时候，自然有另外的老人来接替他们。

图6-2　汉族村民的坟茔与附近的土堆

在中国的其他农村地区，选择坟地被认为是一件大事，这里包含着要给逝者找一个适合于在另外的一个世界生活的舒适的环境，更多的则是为子孙后代能兴旺发达着想，历代帝王巨大的坟地，数不清的阴阳家、风水家的传奇，无不折射出死后的生活天地与目的有着极大的关系。但这在二宫村这块土地上似乎找不到，在二宫村的汉族村民中，这一切随着时代的变迁也发生了巨大的变化。特别是二宫村附近的墓地，看不到树木，没有被草覆盖的硕圆的坟头，风吹日晒都变得尖尖的，矮矮的，散乱地分布在路边。如果不是许多坟头集中到一起，看上去真像土堆，很难想到那就是一块坟地。但汉族中有信仰基督教的，在该村一组有两家，这里有活动点，镇上批了一个但不在本村。

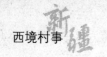

第二节 宗教的政治及社会影响

一 双泛思潮、三股势力

在新疆，"双泛思潮"是对"泛突厥主义"和"泛伊斯兰主义"的高度概括。伊斯兰教在建立之后，以迅猛的速度开始向外传播，其进入新疆地区最早是在 10 世纪初中国五代时期，传播活动与伊斯兰教势力在中亚的发展关系密切。维吾尔族按照族源而言，在古代称为"回纥"或"回鹘"，是突厥人游牧部落的一支，后建立汗国，接受伊斯兰教，并以"圣战"的方式加以推行，经过一系列军事行动，最终战胜了于阗一带的佛教势力，在南疆确立了伊斯兰教，继而扩展到整个新疆。

"泛伊斯兰主义"是在 19 世纪下半叶开始形成一种社会思潮。1884 年，阿富汗人赛义德·阿富汗尼在倡导改革伊斯兰教、加强穆斯林团结、以"圣战"反对殖民侵略的基础上，提出了"泛伊斯兰主义"的基本思想，主要观点是伊斯兰教是"普世宗教"，不受国界、民族、语言、肤色的限制，号召全世界穆斯林在共同信仰的基础上联合成为一个共同体（乌玛），在哈里发的统一领导下，反对外来的殖民侵略，直到取得独立。与此同时，"泛突厥主义"也开始形成一种社会思潮，沙俄鞑靼人伊斯玛依尔·伽思普林斯基于 1883 年明确提出：俄罗斯的穆斯林应该"在语言思想上和行动上联合起来"。后来"泛突厥主义"被奥斯曼帝国的一部分精英作了修正，改变成恢复奥斯曼帝国昔日强大辉煌的民族复兴运动的精神支柱，并向世界传播。20 世纪初，以奥斯曼帝国为中心的"双泛"思潮开始渗透新疆[1]。

　　20世纪30年代初，麦斯武德、穆罕默德·伊敏等"双泛主义"者又陆续回到中国，此时他们已形成了自己的思想体系和政治纲领，这就是所谓的"东突厥斯坦独立运动"（简称"东突"）。当时中国正是军阀割据相互混战的时代，新疆也是一片兵荒马乱，新疆省督军盛世才与支持哈密农民起义的甘肃军阀马仲英激战正酣。动荡的时代背景，给"东突"的发展提供了机会——1933年11月，"东突"分裂分子得到英国的支持在喀什建立了"东突厥斯坦伊斯兰共和国"，失败后马仲英进兵南疆，顺手消灭了这个"共和国"，虽然只存在短短三个月，却是第一次公开提出新疆分裂，是新疆分裂运动的开始，其衣钵为新疆民族分裂主义分子一直承袭至今。

　　1944年秋，新疆伊犁巩哈县牧民发动武装起义，并很快占领了伊犁、塔城、阿山（阿勒泰）三区，即新疆近现代史上著名的"三区革命"。但是"三区革命"前期的领导权被为苏联所支持的艾力汗·吐烈为首的泛突厥、泛伊斯兰分子所把持。1944年11月12日成立临时政府为"东突厥斯坦共和国"，临时政府的机关报为《解放的东突厥斯坦报》，民族军军旗上书写着"为东突厥斯坦独立而前进"的口号[2]。经过斗争，"东突厥斯坦共和国"的实权掌握在反对新疆独立的阿合买提江等人手中，因此，"东突厥斯坦共和国"无果而终。

　　三区革命的领导人阿合买提江·阿巴索夫曾说："在我

---

①　厉声：《中国新疆历史与现状》，新疆人民出版社出版，2003。
②　潘志平：《"东突"恐怖主义透视》，《新疆社会科学》2002年第1期。

们民族解放运动初期，我们在民族问题上犯了许多错误。当我们的人民拿起武器，走向战场，推翻了伊宁、绥定和其他地区的国民党政权、粉碎其武装力量的时候，曾把全体的汉族同一小撮腐败的国民党贪官污吏、匪兵和警察混淆起来；而认为所有的汉族人民都是敌人，结果，我们便不分青红皂白、不分敌我地打击和枪杀了自己的朋友。……这样，我们硬是把民族解放运动的拥护者、国民党统治集团的敌人，我们的朋友……汉族人民交给了他们的敌人。这是完全错误的、不正确的政策。"①

因为这个伊斯兰政权是反对国民党的，而且在加入新疆省政府的联合政权中，并没有公开提出分裂的口号，所以新疆解放以后，人民政府从团结的角度出发，把这一事件称为"三区革命"，作为中国新民主主义革命的一部分，并将三区革命的民族军改编为解放军第五军，开始了参加新疆的建设任务，但是这一事件的负面影响不容忽视。

新疆解放后，麦斯武德被关押，伊敏、艾山等"疆独"分子出逃国外。"东突"分裂运动再次受到沉重打击，但并没有因此而绝迹，分裂主义思想并未彻底根除，其影响依旧存在。只要有合适的环境条件，又会迅速死灰复燃。

20 世纪 90 年代，随着苏联解体，各加盟共和国纷纷独立，这些国家原有的主导思想体系和组织体系迅即瓦解。一时间，中亚地区出现一个巨大的"思想文化真空"。隐藏多年的宗教极端势力、民族分裂势力和国际恐怖势力即"三股势力"② 开始在这片土地上蠢蠢欲动了。

---

① 杜翰：《论新疆三区革命中的军事斗争》，《西域研究》2001 年第 2 期。
② "三股势力"是对宗教极端势力、民族分裂势力和国际恐怖势力的总称。

同时，沙特阿拉伯、巴基斯坦等国的一些极端组织秘密进入新疆，从而促使民族分裂主义很快有了动作，实现了宗教极端主义和暴力恐怖主义的合流。一方面通过大量捐资修建清真寺，并不断派人以合法的名义进入新疆煽动穆斯林的宗教狂热，一方面定期招收年轻人到境外留学，培养所谓的人才。改革开放以后，我们在思想战线上的放松，甚至为50年代参与分裂祖国的一部分分裂分子也做了政治上的平反，很快在南疆地区出现了民族分裂主义的苗头。在新疆，各级政府对正常的伊斯兰宗教活动是支持的，但是对于打着伊斯兰复兴的和民族独立旗号的"双泛思潮和三股势力"，危害国家安全与各民族利益的，政府一般采取打击的态度。

自20世纪90年代以来，"双泛思潮"和"三股势力"使得新疆成为我国暴力恐怖犯罪的重灾区。1990年至2001年，"三股势力"在新疆境内疯狂进行暗杀、爆炸、纵火、投毒等暴力恐怖活动，制造了200余起暴力恐怖事件，造成162人死亡，440多人受伤。1997年二宫村所在的伊犁州州府所在地——伊宁市发生的"2·5"打砸抢事件就是典型事件之一。"2·5"伊犁事件是一个升级的标志，也是恐怖暴力活动在20世纪90年代的一个顶点。其实，看看所谓的"双泛"的源头和发展，是很容易和正常伊斯兰教之间划清关系的。

1997年，二宫村所在的伊犁市，爆发了伊宁"2·5"事件，这是该地区新中国成立以来分裂势力制造的最严重的骚乱事件。2月5日至9日，数百名暴徒和闹事分子有组织地公开聚集在伊宁市区的主要街道，打出"用《古兰经》做武器，全力同卡布尔（指异教徒或者汉族人）作斗争"

等反动标语，从聚集闹事到疯狂的打、砸、抢、烧、杀。事件中有 7 名无辜的汉族群众被暴徒杀害，198 名群众被暴徒打伤（绝大部分是汉族，有个别回族），有多人失踪，公安干警有 30 多人被打、杀伤，重伤 14 人。[①] 事件中有人高呼要继承阿巴索夫遗志等，从一些口号中可以看出，对三区革命的模糊评价在人们思想深处所造成的混乱。

"2·5"事件以后，霍城县又发生过"7·7"抢劫案，"7·14"爆炸案等暴力恐怖案件，这一系列事件，使得伊犁地区经济在一段时间内呈大滑坡态势，房地产市场萧条，税收大幅下降，许多投资者对伊宁投资环境产生疑问，刚刚发展起来的伊宁经济技术开发区一度陷入半瘫痪状态，经济状况严重恶化。

霍城县毗邻哈萨克斯坦，在传统上，民间往来就比较频繁，因此，该县的宗教问题，很容易受到周边环境等其他因素的影响，并进一步影响民族关系和当地的政治和社会稳定。

该县民族宗教委员会的一位工作人员说："2007 年年初，该县公安部门注意到一群十五六岁的孩子在河边上练习足球，后经调查，是受地下教经点的教唆，通过踢足球来锻炼身体，以后为所谓的新疆独立光复事业做准备。"他继续道，"事实上，霍城县自 1997 年'2·5'事件后，有一部分参与者的思想仍然很顽固，活动更加隐蔽，他们不肯承认国家的法律法规，只承认《古兰经》；还有一部分人不领结婚证，自己请人念"尼卡"（念经）就住在一起；还有一些留大胡子、蒙面的通过工作队做思想工作就去掉了，

---

① 马大正：《国家利益高于一切》，新疆人民出版社，2003。

但反复性很大。"可见打击暴力恐怖维护社会稳定在这一地区任重道远。

从这里可以看出，极端宗教势力，在该县的影响还是比较大的。地处这样一种环境下的二宫村也不例外，也受到"泰比力克"的影响，但二宫村的一部分村民直接自愿加入的比较少，大多是误入到这一行列。

该村的党支部书记说："现在加大力度，好多了。二宫村就是个重点整治的村子，这也是发生在 1997 年伊犁'2·5'事件之后开始的，在平息了事件之后，伊犁州开始清查的时候，在该村发现男人非正常留大胡子，还有一部分妇女非正常蒙面的。而且该村也有人参与了非法活动。2005 年有 12 个非正常留大胡子的，2006 年有 20 多个大胡子，都横着来，做工作也没用，女人蒙面的现象增多。"

其实，女人蒙面并不是维吾尔族妇女的传统服饰，维吾尔族妇女的传统蒙面服饰其实是一种薄纱，只是蒙住鼻子以下的部分，但由于受境外伊斯兰极端分子的错误引导，进而用织物把整个面部遮盖，甚至将整个头部和身子全部遮掩起来，像阿拉伯世界的妇女一样，其极端宗教的象征意义就极为明显。

公共政策学中有个典型案例，在民主程度发达的法国，曾经推出一项政策，要求蒙面的穆斯林学生去掉蒙面，他们认为妇女蒙面是伊斯兰世界的典型符号，坚决予以制止，不去掉蒙面就退学。这在国际上反响很大，遭到了许多伊斯兰国家的激烈反对，但在法国政府的一再坚持下，最终政策得以执行。

在一份报告中我们看到，"威胁公共安全"人员的统计有两类，一类是"两劳人员"即劳改释放和劳动解教人员，

还有一类就是"非两劳人员"主要包括非正常留大胡子人员，非正常蒙面妇女。

1997年前后，二宫村的维吾尔族群众中男人留大胡子，女人蒙面的现象被发现以后，公安部门在调查中发现，这些人大多与"泰比力克"，也就是地下讲经组织的活动有牵连，也有人曾将"2·5"事件中的首要分子在家中藏匿或资助过，有帮助运送过非法的印刷品，有人收留过被公安部门追捕的地下讲经的骨干。1997年该村被列为重点治理村以后，这个工作组就进驻该村，这个工作队现在叫"社会主义新农村平安建设队"。

图6-3　社会主义新农村平安建设队办公室

按照清水河镇一位干部的说法：清水辖区的集中整治工作，通过公安局的大力配合和县集中整治工作队的辛勤工作，目前整体工作进展顺利。对非正常留大胡子人员的教育转化尤其明显，如40岁以上留大胡子人员中仅剩下两人，其余人员均主动刮掉。不仅如此，还有一部分人员经帮教转化，能主动找工作组汇报其思想动态，并表示不再做违法乱纪的事情，争取早日撤销其列管。另外，通过对比较顽固的 4 名妇女做工作，有两名去掉了面纱，总体来说，工作还是比较顺利。

甚至就连传统的娱乐活动中，也有"双泛"的影子，这个村子的村民告诉我，麦西来甫现在很少有人搞，主要原因是：前几年有一些民族分裂分子借用该活动发展自己的成员，被当地警方发现后予以打击，曾经禁止了一段时间，后来禁令取消，在民间重新开展起来。

附：坚决取缔非法活动，维护新疆稳定

他们最初以维吾尔民族娱乐——麦西来甫的形式搞组织串联，借此设立了 200 处麦西来甫固定活动点，参加成员达 4000 多人。进而于 1995 年 4 月 30 日成立跨地区的"伊犁青年麦西来甫委员会"，并选举了总"哈孜"（即总指挥）、副总指挥等组织者和机构，利用麦西来甫的形式，暗中煽动宗教狂热，甚至收缴宗教税，同时还挑拨民族关系，干预基层行政和治安管理。

当地政府认为"伊犁青年麦西来甫委员会"的活动远远超出了民间娱乐的范围，对社会秩序和稳定已造成了危害，遂于 1995 年 5 月底通知该委员会停止活动；8 月 13日，地方公安局传讯了以阿不都黑力为首的几名顽固分子。"伊犁青年麦西来甫委员会"借此发动了"8·14"非法游行事件。参与游行者从 200 多人增加至 800 多人。游行散去后，约有 300 人至伊犁自治州政府对面静坐。事态平息后，有 28 名"伊犁麦西来甫委员会"和"8·14"非法游行的组织者被拘留，其中依法收容审查 5 人，批评教育 14 人，

取保候审 9 人①。传统的娱乐项目一旦带有一定的政治目的，就变成了对社会稳定的一个巨大隐患。

表 6 - 2　被调查村民关于国家认同的统计

单位：人，%

我的祖国是中国	认同	不认同	说不清
人　数	45	1	2
百分比	94	2	4

48 份有效问卷中，有 45 户明确表示认同中华民族的身份，只有一份问卷填写了不同意。

在边疆地区，对于祖国的认同问题显得尤为重要，据一份有关"伊塔事件"资料：新疆各地的苏协，特别是伊犁苏协，在加强苏联对新疆民族群众思想文化控制方面也扮演了重要角色。在 20 世纪 50 年代，苏联方面通过新疆各地苏侨协会，利用各种手段大力宣传苏联社会主义制度的优越性，加强对中国边民灌输"苏联优越"的思想。苏侨协会开办苏侨学校等，组织苏籍干部学习苏联报刊文件和国家建设的方针政策，等等，加强对苏侨青年、干部的思想控制。这种思想文化宣传，加上伊犁地区中小学少数民族学生，从三区革命时期起至 1958 年一直使用苏联版本的教科书，受的是苏联国民教育，学的教材是我们的"祖国是苏联"、"首都是莫斯科"、新疆是"东土耳其斯坦"等等，致使到 60 年代初期，在伊犁地区少数民族儿童的心目中，依然只知有苏联、有莫斯科，而不知中国是什么国家、北京是哪个国家的首都。在 25 岁以上的知识分子中，许多

---

① 《坚决取缔非法活动，维护新疆稳定》，新疆天山网，2005 年 8 月 15 日。

人认为"苏联是自己的祖国",而"中国是自己的第二祖国"。在民族干部和群众中还有人说:"中国没有乌孜别克族,我是苏联人,我的党是苏联共产党,我的祖国是苏联,我要回苏联去。"祖国观念严重混乱和淡薄,乃至于伊犁州不得不在伊塔事件之后对全州进行"三一"思想教育,即宣讲"一个党——中国共产党,一个祖国——中华人民共和国,一条道路——社会主义",加强对少数民族爱祖国的宣传教育,使之理解新疆伊犁是祖国的领土,维吾尔族和哈萨克族等民族是祖国的少数民族之一,不是苏联人,宣传祖国的伟大和做中国人的光荣①。

此外,到新中国成立前后,"我们看到当地人吃的是苏联的糖,穿的是苏联的布,抽的是苏联的烟,用的是苏联的家具,大至现代设备,小到一个玻璃茶杯,无一不和苏联发生关系。"② 这样的祖国观念也是最终导致伊塔事件的发生的原因之一。

2009 年 9 月国务院新闻办公室《新疆的发展与进步》的白皮书:"20 世纪初,部分狂热的新疆分裂分子与宗教极端势力,将'东突'一词进一步政治化,编造了一套'东突厥斯坦独立'的'思想理论体系'。新疆形形色色的分裂分子打着'东突'的旗号,形成'东突'势力,企图建立所谓'东突厥斯坦国'分裂政权。20 世纪 30 年代初和 40 年代中期,'东突'势力在外国势力的怂恿、支持下,公然打出'杀汉灭回'和'反汉排汉'等口号,制造动乱、滥杀无辜,企图分裂祖国。"

---

① 伊犁州公安局史志办公室:《1962 年新疆伊塔事件史料》,1988 年编印。
② 《新疆文史资料选编》第一辑,新疆人民出版社,1991。

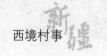

有学者说，对国家的认同不是体现在嘴巴上的，是从心底里对这一国家主流文化的认同，没有这一点做保证，国家认同将是一句空话。我们在坚持民族文化多样性的同时，必须看到，拥有五千年历史的中华文化在整个中华民族的凝聚力上所发挥的作用。这一点美国表现得异常明显，其熔炉模式使得欧洲白人文明在美利坚民族的国家认同方面有着不可替代的作用。

二 "私朝"及其他问题

伊斯兰教对当地社会影响最为突出的，还有私自赴麦加朝觐的一系列问题。维吾尔语称朝功为"赫哲其力士"，是阿拉伯语借词。所谓朝功即每年伊斯兰教历 12 月 8 日至 13 日，共 6 天，届时，世界各地穆斯林在各方面条件许可的情况下，亲身到伊斯兰教圣地沙特阿拉伯麦加克尔白天房巡礼的系列宗教仪式，凡朝觐过的人被尊称为阿吉。《古兰经》规定：凡能旅行到天房的，人人都有为真主而朝觐天房的义务。每个遵从主命的穆斯林一生去麦加朝觐一次者要具备如下几个条件：

1. 成年人；

2. 身体健康；

3. 有足够旅费的人；

4. 不负债者；

5. 路途安全；

6. 国内形势稳定；

7. 理智健全的人；

8. 自由公民。

朝觐分为正朝、副朝、连朝、分朝 4 种。正朝指在规定的时间即伊历 12 月 8 日到 13 日集体朝觐克尔白，也叫大朝。副朝是指朝觐季节外，一年四季随时举行的朝觐。连朝指副朝与正朝连续进行者。分朝指先副朝，后正朝者。

我国政府规定申请朝觐者应具备下列条件：

1. 拥护中国共产党的领导，拥护社会主义制度，维护民族团结和祖国统一，爱国守法，品行端正；

2. 信仰伊斯兰教；

3. 具有当地常住户口和身份证；

4. 年龄在 50 岁至 70 岁之间，身体健康，能够坚持朝觐活动；

5. 家庭经济条件许可。

朝觐作为穆斯林的五功之一，只要家庭经济条件许可，赴麦加朝觐成为许多穆斯林最大的愿望。由于朝觐需要花费一大笔开支，因此政府每年就前去麦加朝觐的穆斯林要进行经济条件等各方面的考查，统一组织前往，统一组织回国，这样的被称为"公朝"，参加公朝的人花费在 3 万元左右。

在二宫村附近和一位回族老人聊天时，我无意中问道："是否去过新疆的首府城市乌鲁木齐？"

他告诉我："没有。"

"那您去过哪些地方？"

"我去过哈萨克斯坦、吉尔吉斯斯坦、阿联酋、沙特阿拉伯。"

我一听就是一位去沙特圣城朝觐过的老人，说完他手又不停地收拾自己的柴草。在伊斯兰世界，朝觐者是极受尊重的。在我的再三请求下，老人告诉我说：

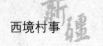

　　我有 4 个儿子，家里边地也多，所以除了分给子女的以外，我和老伴留了 15 亩地，平时由子女耕种，收成归自己，作为养老的资本。现在有个小孙女在我身边读书，也做个伴。我是在 2005 年去朝觐的，由政府统一组织从哈萨克斯坦那边去的，去时每人先交上大约 2.6 万元作为来去路费和吃住费用，每年都有指标，所以，想去的人先自己申报，县上的宗教局先要来考查有没有实力，就怕有的人告贷、借钱前去的，回来变得没有一分钱，就是很糟糕的事。以前就有这样的人偷偷地私人去朝觐，走在半路到不了又回不来，还得政府出面花钱接回来。有的人出去前，到处借钱，回来给人家还不上，弄得矛盾特别大。穆斯林一生最大的愿望是去麦加朝觐，但像借钱朝觐不是我们《古兰经》上提倡的，圣人说了，自己有能力了没有后顾之忧了才去，因为你在圣人城里沐浴了，已经把身上的罪孽洗除掉了，回来后就能一心做礼拜了，回来以后就不能有谎言了，不要再沾惹罪孽了，要不然，朝觐的功德就化为乌有了。所以在咱们中国大多是老年人才去朝觐，在哈萨克斯坦等国家年轻人比较多。

老人领我去看他现在养的牛羊，一头奶牛主要是用来给自家产奶的，大约有十多只羊，多是绵羊，不准备出卖是自己家用的。老人告诉我，现在的生活比以前好得多，他在年轻时，看看贫困的家庭，就根本没有出过朝觐的念头，没有想到 70 岁了，竟然跑了这么多国家，到圣城得到主的赐福。

　　在谈到他朝觐的资金来源时，他告诉我："在分地时，给我留下来了 15 亩地，每年土地由几个儿子耕种，收入归我和老伴，朝觐时就用攒下的这笔钱。"

朝觐后的穆斯林一般不能说谎，恪守教律，多做善事，多做宗教功课，要不然就等于花钱旅游了，这也是许多人年轻时不想前去朝觐，主要怕回来很难遵守戒律。

还有一类叫"私朝"，未经政府允许，就私自通过各种手段自己前去朝觐的，"私朝"往往要花费更多的钱。在乌鲁木齐，曾和一位私下前去朝觐老人聊天，他告诉我：他先去广州，再到香港，转马来西亚，到巴基斯坦，最后才到沙特的麦加，在外面转悠了好几个月，花去了 10 万多元。

每年，沙特阿拉伯对前往麦加朝觐在数量上有限制，前去朝觐的要持有合法的签证才是被容许的，零散朝觐的人大多没有合法的出入境手续，往往会被一些不法中介机构虚假的许诺所蒙骗，在被骗或者自身没钱时，就被丢弃在第三国，比如巴基斯坦或中亚国家，去不成麦加，又没钱回国，给第三国造成了许多麻烦。人数聚集多的时候，就有人组织去中国驻该国大使馆前闹事，据此西方有些国家往往拿此对我国人权说事，最后在无法解决的情况下，政府只能花钱把他们领回来，为此造成的国际影响时有发生。因此，我国政府规定：对下列人员不得批准朝觐：

1.《中华人民共和国公民出境入境管理法》第八条规定的五种人，即（1）刑事案件的被告人和公安机关或者人民检察院或者人民法院认定的犯罪嫌疑人；（2）人民法院通知有未了结民事案件不能离境的；（3）被判处刑罚正在服刑的；（4）正在被劳动教养的；（5）国务院有关主管机关认为出境后将对国家安全造成危害或者对国家利益造成重大损失的。

2. 已朝觐过的人员。

3. 利用朝觐国经商、留学者。

4. 有严重疾病以及孕妇。

5. 一户两人。

6. 填报材料弄虚作假欺骗组织者。

7. 其他不符合朝觐条件者：党、团员，国家机关公务员、企事业单位的干部，国家机关企事业单位的工作人员（包括离退休人员）。

8. 因家庭经济困难和其他原因，子女辍学。

9. 家庭成员有参加民族分裂活动和非法组织的，三代以内（包括第三代人）家庭成员不得朝觐。

10. 享受城市人口最低生活保障的家庭成员。

11. 住房条件差的。

在这种规定下，一部分人不够条件，就会想其他办法，私自前去朝觐。"公朝"在政府的统一组织下，经济状况的考查比较严格，不会出太大的问题，但"私朝"造成的问题就比较多了。有一些群众不顾自己经济条件，借债盲目前往，以致整个家庭陷入一种赤贫状态。其中包括借债朝觐；卖掉家里所有的牛羊和财产前去的，回来后生活陷入困顿，又得政府救济的。

2006 年霍城县"公朝"一共有 53 个名额，为了制止零散朝觐，2007 年清水河镇稳定办开展护照查验工作，共查验持有护照 273 人，对有"私朝"倾向的 93 人护照予以收存，杜绝了可能发生零散朝觐的隐患。

二宫村"私朝"现象也比较多。据政府统计，2004 年三组回族一村民，2005 年三组维吾尔族一村民，2006 年的村三组一维吾尔族村民，通过去哈萨克斯坦而前往朝觐，在一个村里每年都有 3 位,可见其"私朝"势头比较大。

表 6 – 3　被调查穆斯林村民对于朝觐统计

单位:人,%

内　容	选　项	人　数	百分比
有条件的穆斯林都应该完成朝觐	同意	26	52
	说不清	12	24
家里是否有人朝觐	没有人前去朝觐	30	60
是否希望去朝觐	很希望前去朝觐	20	40
	希望前去朝觐	6	12
	没考虑过	7	14

　　调查中明确同意有条件的穆斯林都应该完成朝觐占 52%;说不清楚的更多地基于对我们的问卷调查有顾虑,觉得说出来可能对其不利等。是否希望去朝觐一栏中很希望去的占了 40%;没考虑过的占 14%,更多则是基于自身的经济现状所说的。

　　除了私自朝觐以外,未经政府批准,进行非法传播基督教的案件也时有发生。主要是在该村一组。2008 年 2 月,霍城县在清水河二宫村查获一基督教非法培训班,培训班人员 13 人,其中女性 7 人、男性 6 人,培训班中有未成年人 6 人。培训人员除了清水河镇 9 人,还有其他县城和周围团场的。从培训人员身上当场扣押书籍《天路诗歌》第二集 13 本、《圣经》9 本、基督教材 18 本、手抄本 25 本、《喜乐赞美主》2 本、《生命与信仰》1 本、《生命与事奉》1 本、《游子吟》、《永恒在召唤》1 本及一系列的传教用品,清水河镇二宫村居民参与了这一事件的组织。

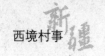

三　新农村平安建设队

二宫村村委会比较特别的地方就是比周围的村多了一个"社会主义新农村平安建设工作队"的机构，这是1997年伊犁"2·5"事件后产生的一个临时性机构，当时就叫驻村工作组。其工作职能主要有：（1）帮助建立强有力的村领导班子。（2）搞好二宫村的基础建设。（3）搞好宗教工作。（4）加强重点人口的管理和教育对象的教育工作。五，搞好档案工作。该机构的主要目的是和村里的两委班子配合，做好重点人口的转化工作，保证正常清真寺宗教活动的进行，杜绝非法宗教行为。为了搞好工作，将3人领导班子扩充到7人（其他4人为村委会干部），同时成立应急分队（村民兵为主）。

在二宫村新农村平安建设队的办公室我找到了其中的队员之一，27岁的ZKRN，一位维吾尔族青年，他是霍城县发改委的干部，2007年3月被派到二宫村"社会主义新农村建设平安队"工作。工作时间一年。他们这个队组一共由7人组成，县上下派干部还有两位，一位是霍城县司法局的哈萨克族干部，一位广播电视局的维吾尔族干部，同时在他们的领导下成立了由11位村民组成的应急小分队，主要对付村里出现的突发事件。工作队直接隶属于县稳定办，其主要任务就是对有关问题人员在思想上进行帮教，在生产生活上予以关心、照顾。今年是县上下派的第十一批住队干部。

"平安建队"的队员节假日不休息，但可以轮流回家，按规定必须要有两个人在岗位上，待遇方面，除工资外，每月再给他们生活补贴220元。以前都是自己做饭吃，餐具由清水开发区负责提供，现在他们自己出钱雇用了门口开商店一位维吾尔族妇女做饭。ZKRN 是党员，汉语说得比较流利，交谈中，有不太清楚的地方，他就打开随身携带的一本厚厚的维汉词典，翻翻马上就明白了。

在访谈时我提到"监控"这一词，ZKRN 说："没有那么严重，现在不像是前几年，那时周围的气氛比较紧张，现在大家都能想得通，挣钱改善自己的生活才是最为重要的，因此，我们的工作现在也比较好搞。""以前有些比较思想顽固的，自己留大胡子，家里的女人蒙面，现在少多了，帮教活动主要是以讲课和谈心为主。"

这些重点的帮教对象，思想上有了很大的变化，用他们自己的话说："我们再不会参加非法的宗教活动了，最好不要很正规地来家里帮教，这样家里老人及孩子们就看到不好受，如果有什么事，我们自己会到村委会讲，决不会隐瞒什么东西的。""以前不知道，现在知道了就不干了，以后不放心，尽管来，来了嘛，我们欢迎，不过最好是不要多来。"

在我的一再要求下，他出示了相关的"重点人员档案"，重点人口档案里边每人一页内容，都是这个月一些谈话的大致记录，以及当时重点对象以前所参与的活动等内容。

这是一份份谈话记录，但就内容来看就简单得多了，我们谈到，为什么谈话内容这么简单，ZKRN 说："一方面由于被谈话人的态度和思想认识有了极大的变化，认识到自己思想上的错误，而且，大部分人不是主动参加非法宗教活动的，是误入到里边去的，比如，现在帮教的 9 个人中，其中有 5 个是去其他地区参加亲人、朋友的婚礼时，看到有

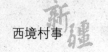

搞'泰比力克'活动，有人员讲经，他们是抱着好奇的态度加入了，回来就留起大胡子，并要求妻子蒙面的，至于分裂祖国，他们压根儿不会考虑到的。"

其中有几个人的谈话内容是这样表述的：

MMT，男，19XX 年出生，小学文化程度。曾在 1994 年到 64 团场 12 连去结婚，参加了一次非法的"泰比力克"，被公安机关拘留 3 天，现在遵守国家的法律法规。事发后，在村干部及帮教人员的帮助下认识到了自己的错误，树立了重新做人的意志，现在一方面在做生意，一方面种地，从此以后，自己刮掉了胡子（留大胡子），他老婆也去掉了蒙面。

被谈话人的表现是：现在表现好。

谈话态度：态度良好。

JMKL，男，1976 年出生，小学文化程度。于 1997 年 7 月以留居南疆过来的分裂分子，煽动分裂祖国罪被公安局拘留，后来予以担保释放，以前留胡子，现在表现正常。

这里边有非法印制或者非法保存古兰经的等等。其中只有一位村民主动在伊车乡参加了"泰比力克"活动，态度蛮横，有被罚款 3300 元的记录。

ZKRN 说：

以前在做这些人的工作时大多依靠阿訇的帮助，阿訇做工作比较容易，被谈话人容易接受。有时阿訇在做完宗教仪式后，就将一些国家的政策和法规讲给教民听，这样的方式，其作用比较好。有时候他们会在帮助这些人劳动时谈谈，这种方式似乎老百姓更容易接受。关于封斋的事，有少部分人不封斋，比如年轻人和小孩子，他们要劳动和上学，老人封斋的多，阿訇多参加过政府的培训班，学生是不容许参加宗教活动的，等到 18 岁以上自己有辨别能力者才容许。按照宗教规矩，女人是不让去清真寺的，做礼拜的时候在家里进行。

虽然社会主义平安建设队所取得成绩是很大的，但到目前下派到村里的干部每年依然来村里工作确是不争的事实。

第七章　民族关系

在新疆，平等团结互助和谐的民族关系表现在社会生活的各个方面。受传统生产生活方式影响，维吾尔族人与回族人在经商和餐饮业方面，汉族人在种植蔬菜方面，哈萨克族人在放马牧羊方面各有所长，统一的市场和相同的生产目的，使各民族相互协作，共同发展。共同的社会制度、共同的政治经济组织、共同的社区生活使不同民族成员结成同志、同事、邻居和朋友这样一些稳定的合作关系，彼此间的了解和友谊大大增强[1]。

第一节　族际交往

由于在一个村子里生活，村民在生产中相互帮助的习惯还是有的，在农业生产中，汉族有着精耕细作的传统，因此在刚包产到户的 80 年代，汉族在农业生产上帮助维吾尔族村民何时下种，如何耕作，施肥量的多少等等耕作技术，逐渐地许多维吾尔族和哈萨克族村民逐步掌握了工作技术，提高了粮食产量，同时民族关系也比较和谐。

近几年由于民族主义思潮抬头和极端宗教势力等的干

---

① 国务院新闻办公室：《新疆的发展与进步》，2009 年 9 月。

扰，市场经济对农村的冲击比较大，虽然私人之间的关系还是不错的，但是生产中相互帮助的现象比较少。真正在生产中需要农机具为自己服务时，则要求按照当地的市场价格付酬。二宫村的维吾尔族或回族也有中小型的农业机械，在农忙时节，按市场价格，除了给本组村民服务，还可以到周围村子"赶场子"挣钱。由于该村的土地不是太多，有一些少数民族村民不太擅长种地，就将自家的土地承包出去，自己出去做生意，其中以维吾尔族和回族为主。不像以前，农业机械相互无偿借用，不用付费。

哈萨克族是一个擅长放牧的民族，农业生产并非其所长，20世纪四五十年代，二宫村一带，牧草非常丰美，适合于放牧。1962年伊塔事件以后，霍城县大部分哈萨克族流向苏联，大部分草场闲置，后来随着人口的增加草场逐渐改为农田，草场缩小到山区，有专门的草场管理机构，可以对外承包。二宫村的哈萨克族村民，更是利用自己传统的放牧经验，将自家的土地承包出去，在其他地方承包了草场，除了自己家的牛羊以外，还代放牧其他村民的牛羊，无偿帮忙的现象越来越少，一般都是在有偿服务的条件下做的。

由于不同民族之间的居住格局比较清晰，不同民族在生活交往中，来往不多，但是在主要节日比如维吾尔族的肉孜节和古尔邦节、汉族的春节，关系好的则相互走动，相互拜年也是常有的事，汉族到维吾尔族家里做客，吃喝上讲究不多，因此在肉孜节，或开斋节等节日，常可见汉族村民穿梭于关系好的维吾尔族群众家里，一般不带礼物，热情好客的维吾尔族大多拿出自家的干果，奶茶各式小吃来招待。春节时候，维吾尔族村民到关系不错的汉族家里，

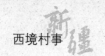

图 7-1 在哈萨克族村民家中

由于饮食上的禁忌,在汉族家里不吃也不喝,以相互祝福聊天为主。

也正由于居住格局分割比较明晰,所以在语言的相互学习上就显得不太重要。

表 7-1 关于村民掌握语言的调查

单位:人,%

内 容	数 量	比 例
只懂自己母语	35	70
懂得其他语言	13	26
问卷未填写	2	4
合 计	50	100

在一组的江苏村里,由于江苏人多,村里的山东人、河南人、安徽人等基本上在说话方面以湖北方言为主。一位山东老太太告诉我们,老家的方言没有了,现在说的是湖北话。

在对二宫村关于语言掌握状况的问卷调查中，在 50 份问卷中，有 35 人只懂自己的母语，占整个比例的 70%，有 13 人懂得其他民族的语言，占其中的 26%。

在访谈中，我们发现二宫村里维吾尔族、哈萨克族等由于出门交往的需要，懂汉语的比较多，也由于做生意的需要，生活在二、三、四组的回族和汉族掌握维吾尔语的比例比较高。

数字所反映的可能与填写问卷的村民的年龄有关，在填写问卷的村民中，年龄在 40 岁以上的占 58.2%。这一部分人中间的少数民族村民出外较之于年龄小的村民，其机会不多，汉语交流的频率比较低，而 40 岁以上汉族村民在和少数民族交流时，学习语言的黄金时期已经过去；但 40 岁以下的村民恰好不存在这些问题。所以，在年龄偏低的群体调查，统计数据可能更高一些。

表 7 – 2　被调查村民掌握其他民族语言的状况

单位：人，%

内　　容	掌握汉语		掌握维吾尔语		掌握哈萨克语	
	人数	百分比	人数	百分比	人数	百分比
维吾尔族	8	31	26	100	2	8
汉　　族	19	100	0	—	0	—
哈萨克族	0	—	0	—	1	100
回　　族	4	100	2	50	1	25

从表 7 – 2 中我们发现，调查的 26 位维吾尔族人中，有 8 人能够用汉语交流，有 2 位可以用哈萨克语交流；19 位汉族和一位哈萨克族不能理解其他民族的语言；4 位回族中有两位懂得维吾尔族语，有一位懂得哈萨克族语，主要缘由

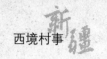

和上面差不多。

　　住在二组和三组的汉族和回族，日常生活中维吾尔语的应用不是太大的问题，维吾尔族和哈萨克族中年龄比较小的，由于长年要外出，汉语说得不错。在肉孜节的早上，我碰见两位刚从清真寺里做完礼拜的维吾尔族青年，交谈时普通话说得相当不错。不同民族间的小孩子之间，学习语言的进度则更快，在二宫村二组和三组的小孩子，平时一起玩的机会多，维吾尔语说得比较好，而距离二、三组较远的一组的小孩子只有在学校里和维吾尔族同学交流时有机会学习，因此只掌握了一些简单的维吾尔语单词。

　　由于双语教育的加强，大多数少数民族孩子家长希望通过掌握汉语来扩大孩子以后的就业出路，由于有九年义务教育的保证，有的维吾尔族小朋友还经过了学前教育，虽然在后来的学习中辍学率较高，但是，汉语作为交际工具，维吾尔族小孩基本上可以熟练地应用。在二宫村学校门口，看到我拿的照相机，许多玩耍的维吾尔族小孩，要吵着照相，看到自己的形象在照相机里显现出来，相互之间用维吾尔语和汉语争辩，普通话发音比较准确。

表 7-3　民族之间交往的统计

单位：人，%

选　　项	人　数	百分比
不愿意	13	28
愿意	27	57
无所谓	7	15
合　计	47	100

数据来源：问卷统计。

民族交往中，从主观上是否愿意与他民族交往在民族关系的发展中是很重要的，在 47 份有效问卷中愿意与其他民族交往的占 54%，不愿意的占 26%，其实这也是近几年二宫村民族关系发展的写照：民族间关系基本上是好的，但不和谐因素依然存在。

表 7-4　更愿意交往的民族

单位：人,%

选　项	与维吾尔族		与汉族		与回族		与哈萨克族	
	人数	百分比	人数	百分比	人数	百分比	人数	百分比
维吾尔族	—	—	7	26.9	5	19.2	3	11
汉　族	5	26.3	—	—	2	7	3	15
回　族	1	30	3	100			2	60
哈萨克族	1	100	1	100				

表 7-4 中，由于是民族之间的交往，所以在本民族的交叉项目中，没有内容。但总体上还是可以反映出一些信息，例如维吾尔族村民更喜欢和汉族人交往，这一比例占 26.9%，哈萨克族由于语言上、生活习俗等方面和维吾尔族的相似性，更喜欢和维吾尔族交往。

表 7-5　影响民族间交往中最大障碍

内　容	人　数	百分比
语言不通	45	49.5
风俗习惯不同	23	25.3
信仰的宗教不同	19	20.9
对方不尊重我的民族	3	3.3
没有什么障碍	1	1.1

语言是人与人之间交往的主要工具，中国有"话不投机半句多"的俗语，这就是说，在交流中立场和心态不同

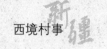
会造成交流障碍，如果交流者之间语言不通，交流过程就很难发生。因此，在二宫村，由于语言的障碍使得民族之间的交往有困难的占到49.5%，而风俗习惯的不同和宗教信仰的影响，其比例占的比较小，至于对方不尊重我的民族的问题，这一点在多民族地区，大家对此都比较谨慎，所以，民族间不尊重的事件发生的频率不是很高，在有效问卷中只占3位，比例只有3.3%。

第二节 民族关系

民族关系始终是我们这个多民族国家至关重要的政治和社会关系。目前我国建立起了平等、团结、互助、和谐的社会主义新型民族关系，民族关系总的情况是好的，但由于各民族间在语言、文化、风俗习惯和宗教信仰等方面存在差异，以及经济利益方面的原因，不同民族之间也存在一些矛盾和纠纷。

二宫村是个多民族村落，从民族成分上看，有维吾尔族、汉族、哈萨克族、回族、柯尔克孜族。二宫村是一个多民族村，4个村民小组中一组以汉族为主，其中也有几户哈萨克族，二组、三组以维吾尔族为主，回族在其中也占了较大的部分，还有一部分汉族村民，主要是在"文革"间，一组闹派性闹得比较厉害，一些在本组不愿生活的汉族就迁到了二组和三组，他们说维吾尔族待人比较真诚，做事也比较公平，生活比较稳定，那时候参加集体劳动，就有工分，就可以分到口粮，而且搬过来的汉族在二组和三组生产劳动中，利用自己的生产技术，颇受维吾尔族村民的欢迎。后来三组的人口越来越庞大，其中一部分汉族和回族就从中分离出来形成四组，四组基本上是由三组分出去的村民组成。村组划分在 80 年代土地包产到户和建立村民自治委员会时，村组之间对于土地的占有权和政治管辖权的划分就更加明确了。

二宫村是一个多民族共居村，民族关系好坏对该村的和谐与否就显得十分重要了。从五六十年代开始，大规模地开垦土地，汉族、维吾尔族、哈萨克族、回族等民族聚集在这里，形成现代意义上的二宫村以来，民族之间没有出现过太大的矛盾，关系一向就是我们历来提倡平等、团结、互助、和谐的关系。生产劳动之间的团结、互助现象比比皆是，维吾尔族和汉族之间的通婚现象也不时出现。

在谈到民族关系时村里一位老人说："民族关系没有问题，我们也有时到民族人的家里去，就像我们组里的哈萨克族家里，有时也去，有的汉族家里，一年也 去不上一次的，民族人好交往。"

图 7 - 2 帅气的二宫村青年

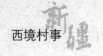
但在 80 年代后期，市场经济使村民之间原来淳朴的乡亲关系变得开始以经济的方式来衡量了；与此同时随之而起的极端宗教思潮，民族分裂主义思潮有所泛滥，二宫村也受到了冲击，有一些人秘密参加"泰比力克"（私人非法聚集在一起自由讲经）活动，这些被称为"塔里甫"的人员回村，私下传播着一些极端的宗教思想，也有一些村民前去别的地方走亲戚时无意中参与到其中的，他们带回来一些宗教说教（大多背离伊斯兰教义的，属于宗教激进主义思潮），于是，维、汉之间的关系变得比较微妙，前文提到的一位维吾尔族男青年娶汉族女青年的事被大家用异样的眼光来看，最终二人双双离开了二宫村。

村委会主任说："2003 年特别乱。二宫村在伊犁州挂上号的。现在有所好转。这里 90 年代末就发现'泰比力克'，那时厉害，与其他民族敌对，同清真寺对抗。现在好多了。在那次事件中有判了 5 年的，参加'2·5'（伊犁的'2·5'事件）的，现在三队回来了 2 人。还有判 3 年的。其中外逃的还有 1 人"……"2005 年有 12 个大胡子，2006 年有 20 多个大胡子，都横着来，做工作也没用。现在加大力度，好多了，不过表面是这样，实际怎么样很难说。"二宫村成了霍城县的重点治理村，经过一段时间的集中整治，现在基本上问题不太明显，在去年冬天，该村的文艺活动拿了全镇第一名，另外还有二等奖、三等奖，唱歌、跳舞、小品，对于维吾尔族是长项，维吾尔族女孩最擅长跳舞了。现在的村委会小，活动就在这里搞，由于人很多，就专门开了一间房排练，欢愉的场景，似乎就是二宫村明天和谐的先章。

第三节　民族团结典型案例

要说二宫村民族团结的典型案例，该村的学校就是民族团结的一个典型。

地处多民族地区，加强民族团结保持社会稳定对当地的学校有着重要而特殊的意义。该村学校被霍城县誉为"绽放在西北边陲的民族团结教育之花"，为此 2004 年初步探索推行的双语教学模式就安排在该校，按照县教育局的安排，学校开办了两个"双语"学前班，人数达到 67 人。

2005 年学校享受到国家支持远程教育模式项目，配置了先进的计算机、多媒体及远程教育设备，民汉同时开始计算机课程，由于软件系统全部是汉语的，为了能够学好计算机，学校加大了汉语教学的力度，这一措施使得民族在掌握计算机水平的同时，也提高了自己的汉语水平。2006 年，学校民族部一年级数学选用汉语版。由于在多民族村办学，民族团结教育始终是这个学校办学的主旨。

在学校的课程方面，学校初中部开设了《新疆地方史》，小学部开设了《新疆乡土教材》，在这两种教材中，应用生动典型的民族团结先进人物和浓郁的新疆乡土风情感染每一位学生，其目的是使每位学生在思想上更爱祖国、更爱家乡、更爱自己的家园。同时大力开展民汉之间的团结活动，例如：民汉小学生手拉手，互赠小礼物，中小学生心连心双语活动，民汉学生结对子活动，民汉教师教研活动，民族团结朗诵会、演讲会，等等。

2004 年，学校召开了近百名少数民族学生家长参加的座谈会，增进了学校、学生、家长三方的沟通和交流。学

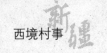

校也多次为少数民族学生和教师捐款、捐物，累计达 3000元。其中在 2005 年学校为一名因家庭无力支付医疗费的维吾尔族女教师，动员师生捐款和划拨 1000 元，为其治病。为维吾尔族教师的孩子在学习资金上予以帮助，为已故的哈萨克族老校长家属安排力所能及的就业岗位。曼素是一位普通的维吾尔族教师，长期以来默默地关怀和照顾二宫村二组的吐达洪一家 4 口人的生活，此后学校其他教师也主动加入到这个行列，他们的这一举动受到全体村民的广泛好评和响应。2005 年为身患重病的清水河镇一中教师捐款1979 元，其中少数民族师生捐 760 元。

同时，学校为少数民族教师提供学习机会和良好的工作平台，选派维吾尔族女教师古丽·努尔参加了国家级双语骨干教师的培训，目前在校的 5 位县级骨干教师中有两名是维吾尔族教师；该校的维吾尔族班汉语课多次获得自治区奖，许多维吾尔族教师获得优秀辅导员奖。

同时，学校适时地开展意识形态领域内的反分裂斗争的教育活动，这也是新疆各中小学必须承担的任务之一。2002 年在教师、党员和学生中间开展反分裂再教育活动，全校教职工和学生都参加了学习，多年来学校教师和学生在斋月没有一个人封斋，也没有一例破坏民族团结的人和事。因此，学校民族关系融洽，今年霍城县上报为自治区民族团结文明单位，也是一例哈萨克自治州精神文明单位。

第八章　基层组织建设

　　我国实行省、县、乡三级行政区划体系，乡镇及城市街道就是基层。而乡镇以下的村庄和城镇的居民区通称为社区。我国的 13 亿人口分布在 5 万多个乡镇和城市街道，居住在 100 多万个城乡社区之中。在中国，村民自治是农民自己的伟大创举之一，1980 年 2 月第一个村民委员会在广西宜山县三岔公社合寨村产生，当时，实行联产承包后分了土地，原来的大队、生产队这两级农村管理组织瘫痪了，村庄里出现了管理真空，公共事务无人管，务实的农民出于自我管理的需要，仿照城市的居民委员会选出了自己的村民委员会。

　　此后不久，全国不少地方的乡村都自发地建立了村民自治组织。时任人大常委会委员长彭真对农民的这一创造及时地给予肯定，两年后，村民委员会作为农村群众性自治组织第一次载入了宪法。到 2000 年年底，全国绝大多数省区都进行了三届或四届村委会换届选举，60% 以上的村庄初步建立了村民自治制度。全国农村共有村委会 100 多万个，村委会干部约 450 万名。

　　美国总统克林顿 1998 年 5 月访问西安时，也在演讲中将中国农村的村民自治称为"自由的微风"。美国卡特中心项目主任罗伯特·帕斯特说："我在世界上许多国家观摩过

选举，但从来没有看到过哪个国家的政府官员如此认真地做这项工作。"

第一节　二宫村村委会

二宫村村委会坐落在该村二组，在二宫村村委会门前有一个小商店，一位维吾尔族妇女经营着各种日用百货，铺面是村委会的，据她说要给村委会交租金。村委会院子不大，一排砖混平顶房子分为7间，村委会马书记及村委会成员接待了我们，镇上陪同人员向我们介绍，干部中有村长（二组的维吾尔族）、民兵连长（一组的汉族）、会计，另外还有一位社会主义新农村平安建设队队员（维吾尔族）。

在农村只要是村支书和村委会主任之间的关系不错，党支部和村委会基本在工作上有合力；有的村子党支部书记和村委会主任一个人担任，这就是所谓的两委一肩挑，据一些关于研究农村基层政权建设的资料看，在我国经济发达地区的农村，村委会和村党支部相互不团结也是有的，甚至直接影响了各自工作的开展。

二宫村村干部的工作统一协商，书记和村主任没有分工。但一般是支书全盘负责，村主任负责生产，由于土地承包到户，生产方面主要是与水有关的问题。在二宫村由于村委会主任年龄比较大，用水时节，晚上要出去巡逻，书记就承担了这一任务。按照他们的说法："我们之间互相尊重协商。"

我们在清水河镇二宫村调查时，党支部领导村委会的这层关系是很明确的，因此说到村委会干部时就是两者的

图 8-1 二宫村村委会

所有成员，该村共有 5 位干部。2006 年 9 月以前的村支部书记也是下派的，汉族，由于不懂维吾尔族语，无论和群众交流还是和村委会配合工作，都有点力不从心，二宫村的工作又比较复杂，除了一组（江苏村）在补偿方面不断上访，还有牵扯到稳定方面的民族、宗教事务，工作上特别被动，被调走后，镇党委和镇政府重新调整，选派一位懂维吾尔族语的干部来担任村委党支部书记，这就是现在的二宫村党支部书记马富强。他是回族，1959 年出生，1997 年入党，中专学历，原来在镇上搞财务工作，之所以能前来二宫村任职，一方面考虑到语言上有优势，他能够用流利的维吾尔族语与人交流，另一方面由于他是回族，在民族宗教方面更易于为群众接受。

村长托乎尼亚孜，维吾尔族，1939 年出生，1973 年入党，初中学历，2004 年担任。妇女主任 1969 年 7 月出生，大专学历，另外还有民兵连长、会计等。

由于知道村官难当，这位原来是镇会计核算中心主任

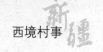
的村支部书记，一直向组织推说年龄大，身体不行，但在组织一再的动员下，在镇党委书记亲自"陪同"下，走马上任成为清水河镇的一员"封疆大吏"的。

据马书记说："刚接手时前任村干部一年吃喝招待花了1万多元，我用转移支付还了近1万元。为了这事我和会计当面对质，矛盾搞得比较大，会计老找事。春天搞文艺演出，（村里）没钱，我说1人50元，他说1人150元，一个饭（演员吃饭钱）3元，他说5元。我（在村民面前）把一件件事都说清楚，当面对质。村民知道了这些，没意见就走了。记账员（会计）是二组的汉族，维吾尔族人好说话，开展工作，帮忙的都是维吾尔族人。""刚到二宫村工作很难开展，原来的村委会干部在工作上配合得很不好，（我）吃了不少苦头。为了筹资打了4眼井，村民（把我）告到县政府，县政府专门做了调查，澄清了事实。"这事使得刚上任的这位村支书很是丧气，后来在选举中记账员被村民选掉了。这其实是这位书记在施政过程中，搬掉横在自己面前的一个大障碍而已。

村委会主任，叫托乎尼亚孜，1939年出生，1973年入党。典型的维吾尔族大叔的特征，深目高鼻，络腮胡子，是十多年的老村长了，由于经历过新中国建立前后以及改革开放前后等多个历史时期，老村长是对中国共产党和新中国有着很深的感情的一位维吾尔族老人。

多民族村有多民族村的特点，民族情绪肯定是有的，主要表现在维吾尔族和其他民族之间，群众的地方主义情绪也表现得很严重，该村一组汉族村民曾多次明确表示：要求由江苏籍人管本村事务，不让其他村组的人管理。鉴于这方面的政治诉求，这位回族书记正在建议他的上级任

图 8-2　二宫村村委会办公室

命村里的民兵连长、江苏籍的一组村民担任村委会副书记，直接管理一组的村务，这样也会省却许多麻烦。

马书记说在担任村党支部书记一年多的时间，群众的反映不尽相同，能让50%的人说好就行了，60%的人说好就是一等，70%说好的没有。的确我所调查干群关系的人数比例就没有达到70%。

表 8-1　被调查村民政治身份

单位：人，%

内　容	党员	团员	民主党派	群众	合计
人　数	5	2	0	39	46
比　例	10.9	4.3	0	84.8	100

二宫村全村党员有46人，党支部每年的工作主要是：三会一课，就是党支部委员会、党的民主生活会、党小组会和党课。党支部委员会每季度活动1次，一年4次。每年年底召开民主生活会。一季度一次党课，除了外出打工的，

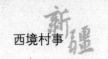

在本村的人都参加。除了一些文件的传达，大部分会议是关于村里的一些具体事务的讨论。

二宫村的团支部书记由民兵连长担任，全村有 35 个团员。一年集体学习 4 到 5 次，一般是冬闲时学，那时候外出打工的也回来了。团费一般先由团支部书记垫付，一个月 0.2 元，一年全村也就是 80 元。在一份统计名单中看到二宫村 18 到 28 岁之间的青年名单中有 24 个人，其中有 8 个是小学文化程度，12 个是初中文化程度，2 个高中、1 个中专、1 个大专文化程度。当然这是一个不太完整的统计，但也反映出，农村地区团组织建设的滞后性。

基干民兵是二宫村唯一的"武装力量"，按照规定应该是 18 人，唯一的装备是橡胶警棍，数量不多，有一部分由木棍子替代。队员由年龄 18～45 岁的男性担当，一年训练 1～2 次。值班巡逻主要是在春节、肉孜节、五一、十一、中央政府召开的各项重大会议日子。民兵没有补贴，基本上是义务的。在新疆，各级民兵组织也是反恐维稳的重要力量之一，民兵建设在新疆有着特殊的意义。

二宫村的妇女委员会由 4 人组成，一位妇女主任，3 位宣传员，主管全村的妇女和计划生育工作。

为了对村里的财务进行监督，村里成立了村民理财小组，共由 7 人组成，成员由村民代表选举。选举原则一是多少懂点财会业务，二是讲公道的。村委会不参加任何意见，按照规定的程序和时间，对村委会的财务逐项进行审核，以杜绝贪污和腐败。

二宫村人民调解组，就村里发生的纠纷进行调解，调解不成则可走法律程序，组长由村支部书记担任，副组长是村委会主任，村委会成员是助理员。

村里有治安保卫和环境卫生领导小组，治保主任由民兵连长担任，环境卫生领导小组只是一个名称而已。

关于村委会干部待遇，财政转移支付政策解决了以前以村提留付给村委会成员工资的惯例，一般干部一年能拿2000多元、村主任和村支书3000多元。另外书记、村主任每年有1000元的职务补贴，也由财政转移支付。去年村里没有办公经费，上面下拨的是实物，如窗帘、门帘、暖气等，大概有1万多元，这方面没有硬性规定，有时给得早时给得晚。

第二节　基层管理

在《清水河镇村民委员会的选举办法》中规定，村委会一般由主任和委员3～5人单数产生，自然村职数为3人，行政村5人，其中村委会中保证有1名女性。由于二道河二宫村和清水河村为少数民族较多居住区，村主任由少数民族担任，村委会的选举应该成立选举机构，其成员由上届村民委员会召集村民会议，或村民代表推选产生，由5～9人组成，村民选举委员会推举其中一人主持选举工作，村委会主任应该结合民族成分，像二宫村村委会里书记是由上面下派的，其余的由村民选举产生，选举是直接选举。3年一期，2004年选过一次。会计已经换了，只是海选其他村委会成员，由于《中华人民共和国民族区域自治法》规定，村委会主任一般是维吾尔族。

村委会选举是比较严格的，选票统计即便是天再晚也要在当天统计完毕并当场公布。选举时，一般流动票

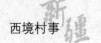

箱 3 个人，政府派一个干部监督，一个带路的。不让搞
串联，愿意选谁就选谁。已经选了四届，从群众的反映
中来看，拉选票现象，家族势力的干预，上届村委会干
部在选举过程中的诱导言行，使得部分村民对选举失去
了信心。

表 8 – 2　被调查村民关于选举的态度

单位：人，%

内　　容	人　　数	比　　例
积极参加	26	53
参加，选谁都一样	10	20
不参加	13	27
合　　计	49	100

从统计中看到，要求积极参加的比例达到 53%，这些
人认为，通过选举可以选出自己信赖的村干部；20% 的村
民表现出了选谁都一样的心态，主要持有对村干部工作能
力的怀疑和失望。

村委会的一事一议决策制度是严格的，但在具体的决
策过程中由于意见不一，实现决策困难重重。每年要求一
事一议 2 次，由村民代表会决定，再通过村民大会，其他还
有党员会、村委会，决定一些临时的事。2006 年一事一议 2
次：县乡选举 1 次；为高速路征迁征地的事一次。有村民不
愿开会，村委会就得一个个去请。参加会议的都是家里主
要成员，会上村委会要通报半年的工作，提出可以解决的
问题。

据村干部讲："开这种会比较乱，尤其是一队，有时吵
得一塌糊涂，还没有解决的方案，人就走散了，等一事一

议再落实时，他们说'我当时没有同意'。二、三队的村民开会比较认真，很少出现会议不完就走人的现象。"

2007年召开一事一议的主要议题是为村里打4口井，修了1.2万米的条田渠和4公里的防渗渠。修防渗渠的资金是农民自筹大概是3万~4万元，由于是生产开支，按一亩地20元收缴，同时争取国家（水电局）投资200吨水泥。修条田渠，村民按照1亩地3元的标准收取。

民主监督在乡镇由乡镇一级人大执行，对村委会的监督一方面由上级党政来实施，一方面由本村村民监督。

人民调解员工作在农村开展以来，清水河镇在镇、村、社三级人民调解员工作的组织网络已健全的基础上，建立了人民调解员分级培训制度、民间纠纷排查快报制度和调解协议审核制度，措施落实。二宫村在村委会设有人民调解室，2007年比较大的协调工作召开了10多次。主要是化解土地纠纷的事件多，大多是当初分地时分了土地，但由于种地费用高，就包给别人种，现在又想要回土地，甚至还有人不知道自己的地在哪。有一位村民农转非后，承包地被村上收回，承包给了别人，现在也想要回地，这中间的牵扯的问题就比较多了。

村委会还对村民提供信息和一些新的技术，但村民最多需要帮忙解决贷款的问题。由于有村民有贷款却不按时还款使得信用社失去了信心，信用社不愿贷，这时大多村民找村干部担保，每个村干部可以提供几户担保。现在这种方法也失去了效用，信用社开始实施十户联保贷款，也就是让8户协助2户贷款。就这样也有不还钱的，就会影响另外8户村民的贷款。这样的事情也只能找村委会协调了。

霍城县、清水河镇上有时会安排技术员来该村科技培训，村委会必须组织人参加，据村干部讲："技术宣传有针对性，讲得都可以，但村民就不愿意去听。冬天农闲，大部分人在家打牌消遣，村干部就必须前去催促参加，参加者寥寥无几。"如果有新项目，村委会很少主动动员群众去做，之所以不去动员和强制，主要考虑到一旦天灾人祸，造成损失，村民就把怨气撒向村委会。2006年培训种番茄，村上只动员了几户，由于价格好，销路问题不大（镇上有农夫山泉番茄酱加工基地），现在种的人就多了。

表8-3 被调查村民农技培训状况

单位：人，%

内　容	选　项	人　数	比　例
是否参加了培训	是	6	12
	否	40	80
参加了哪方面的培训	农牧业生产技术	3	6
	外出打工	1	2
	其他	2	4
如果有培训，对自己有没有帮助	帮助很大	7	14
	有些帮助	1	2
	帮助不大	1	2
	没有帮助	1	2
	说不清	5	10

表8-3中，关于农技培训村民意见比较大，一部分村民认为没有参加培训，一些栏目就无法填写，这也印证了前面村干部所说的，一旦有培训，参加者寥寥无几，也就放弃举办的想法了。参加后用于实践，得到益处的村民自然认为"帮助很大"。

普法工作没有硬性任务，有时组织村民通过电视宣传统战、民族宗教等政策。

2006年冬天，二宫村用两个月时间，组织了一些文艺演出，吸引了全村的年轻人来参加。节目在全镇演出中也产生了较大的影响。

第三节　干群关系

干群关系普遍紧张是我们这次调查的各村中普遍存在的现象。由于农村费改税的实施和其他惠农政策，政策上对农民的约束力有所降低，农民对干部的心态由原来的"畏官"转变为现在的无所谓。

图8-3　二宫村村委会院子

一些群众认为："村干部多吃多占集体土地和资产，并进而使得村集体债台高筑是主要原因，乡镇干部是中央惠农政策不能下达的重要一环，是障碍。"在扶贫、低保、抗

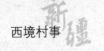

震安居、占地补偿中，中国传统的"民不患寡而患不均"的思想表现得异常明显，只要有一点不公正，群众就会否定所有工作。

图8-4　二宫村附近一新农村村委会院子

也有群众认为："村委会账目不清，参加议事村民大都是由与村干部关系密切的人员组成，优惠政策的享受者大多是与村干部关系好的农户，真正该享受政策优惠的人没有享受到。村干部不能作为农村公益活动和农村致富的领头雁。"

村委会干部也觉得自己很冤枉，承担村委会工作，工作量大，花费时间多，报酬低，下面群众不满，上面有乡政府的任务，耽误了自己家的事，又得不到群众的理解。大部分村委会干部认为，村财政方面的问题主要是由村委会和村民相互欠账造成的，历史遗留问题比较多。

同时，对村民抱怨的村委会选举和一事一议，村委会是绝对按照相关的法律法规执行的，但是村民参与的积极性不高，导致这一制度难以持续操作。每次开会时，参会的人较多会造成议而不决的现象。由于村委会缺乏资金的支持，使得村委会很难有凝聚力。长期二元经济结构体制性的制约，使农村事权与财权难以统一，形成债务，在没有任何收入的农村，就显得债务高居不下，使得村级工作难以正常有效运行，许多群众对政策的理解有误，部分救济、扶贫、抗震安居、计划生育等款项的使用时有严格条件，不是人人都有份的平均分配。

表8-4 被调查村民遇到问题寻求帮助情况

单位：人,%

内　容	村干部		亲　属		邻　居		朋　友		村中老人		宗教人士	
	人数	比例	人数	比例	人数	比例	人数	比例	人数	比例	人数	比例
生产困难	26	41.3	18	28.6	7	11.1	12	19	—			
急需用钱	1	1.7	29	50	15	25.9	13	22.4	—			
村民纠纷	30	69.8	3	7	2	4.7	4	9.3	4	9.3	—	
家庭矛盾	4	16.7	12	50	3	12.5	2	8.3	2	8.3	1	4.2

表8-4由于调查的数据来源于50份问卷，其选项是可以多选的，所以其百分比只是对同一项目中人数之和与所选村民之间的比例。我们可以从中发现在生产上发生困难和村民发生纠纷时寻求村委会解决的比重较高，虽说是干群关系很差，但当遇到自己无能为力的时候，寻找村党支部和村委会协调是其首选。在家庭矛盾的解决中有一部分村民就寻求村里面德高望重的老人和宗教人士来解决。但大部分问题的解决还得依靠亲属，农村中的血缘和宗亲依然是村民可靠的后盾。

表 8－5 被调查群众干群关系状况统计

单位：人，%

内　容	人　数	比　例
很　好	5	11
较　好	20	43
一　般	9	20
不　好	7	15
很不好	5	11
合　计	46	92

由于有 4 份问卷没有填写，因此有效问卷只占 50 份中的 92%。认为很好的占 11%，认为不好和很不好的占到了 24%，按照村民的反映，提到干群关系很好的基本上就是政策的受益者和村干部的亲属。

据村支书讲，这两年要求入党、团的多了。由于前一届村支部组织生活放任自流，导致该村在 2000～2004 年未发展一个党员。新的领导班子建立以后，2004 年至今，转正、预备和积极分子总共十多个。之所以出现要求入党入团原因是多方面的，其一，"三老人员"有补助，其二，是村级阵地建设也改善了（2004 年修的办公室），村子的凝聚力比以前强了，即使是当干部，也不会像以前义务的多，有偿的少。现在财政转移支付使得村委会干部工资有保障了，年轻人希望入党的越来越多。今年预备 7 个，入党程序也比较严格，写申请入党，然后开会讨论，以前的二宫村就没有这道程序。

除了村干部，村里的三老人员，也对村里的各项工作在各方面起到支持的作用。三老人员即年满 60 岁以上的农牧业村老干部、老党员、老模范的通称。老干部指连续担任过村（大队）党支部书记或村委会主任（大队长）满 6

年以上，或累计担任以上职务满 10 年以上，年满 60 岁以上已退离工作岗位的人员。老党员指具有 20 年以上党龄，年满 60 岁以上的农牧民党员。老模范指曾被地（州、市）级以上（含地、州、市级）党委、政府授予"劳动模范"、"民族团结模范"、"三八红旗手"、"优秀共产党员"、"优秀党支部书记"等荣誉称号，年满 60 岁以上的农牧民。二宫村现有三老人员 8 位，其中汉族 6 位，维吾尔族两位，有一些事村委会就会主动征求他们的意见。

在查找二宫村资料的时候，看到 2007 年 1 月 8 日《兵团日报》上有这样一则报道：林业局驻乌专员办通报 2006 年林政案件，"霍城县退耕还林克扣钱粮案"内容是：霍城县清水河镇二宫村一组 50 户农民联名反映，退耕还林农户不能按政策规定领取钱粮补助。经查，二宫村一组确实存在退耕还林面积、兑现资金与实际情况不一致等问题。目前，霍城县清水河镇政府已针对问题进行了整改。其实这个事情发生的时间早于 2006 年，群众的反映导致了集体上访，演变成了针对本地干部违法行政的一种集体抗争。也正因为这件事，二宫村上访村名声更响了。

第四节　社会治安

关于社会治安，据霍城县一位政法系统的干部介绍："自 1997 年'2·5'事件到 2006 年间，全县有近 150 名违反国家安全的违法分子被劳教、劳改、行政刑事拘留，到 2007 年这些人基本上陆续释放回家。对这些人我们建立了'四帮一'帮教活动，定期组织谈话，帮助生产生活困难。上半年共解除'四帮一'3 人，但有一部分人的思想仍然很顽固，活动更加隐蔽，他们不肯承认国家的法律法规，只承认《古兰经》。同时该县公安局就在 2007 年上半年打击非法宗教培训班 4 个，取缔非法宗教活动点 1 个，收缴各种非法宣传品 300 件。法轮功邪教组织散发传单的事件也时有发生。为了从源头上遏制这种势力的蔓延和发展，对非法宗教活动严重、刑事案件发案率高、吸毒贩毒人员多、刑释解教人员多的乡镇实行进村驻队，全县有 7 个重点整治村，二宫村就是其中之一。"

二宫村的社会治安状况与周围其他村的治安状况不太一样，主要是"三股势力"的影响比较大，在 20 世纪 90 年代末就发现"泰比力克"的存在，村干部介绍，在 2003 年特别乱，这一部分村民与其他民族敌对，同清真寺对抗，还有一部分人不领结婚证，自己请人念"尼卡"（念经）就住在一起；还有一些留大胡子、蒙面的通过工作队做思想工作就去掉了，但反复性很大……这些现象在伊犁州都有影响。其中参加伊犁 2.5 事件的且被判刑的也有外逃至今未归案的，而且 2007 年又有 7 名村民参与"泰比力克"活动，在集体看非法宗教光盘时被县安全局发现，为这事，上一级政府点名批评了二宫村村支书。

表 8－6　被调查村民对治安情况的看法

单位：人，%

内　容	很好	较好	一般	不好	很不好	不清楚
人　数	5	24	9	4	3	1
百分比	10	48	18	8	6	2

表 8－6 看出，谈及该村治安状况很好和较好的占到 58%，可能是该村治安方面的比较客观的一个写照。

228

二宫村除了因"泰比力克"教唆部分村民非正常留大胡子、蒙面现象以外，2003 年，三组有七八个村民，靠国道拦路抢劫来往车辆和行人，其中有 4 个被判刑，还有一些其他的案件。在最近两年本村村民没有参与刑事案件和民事案件的，但 2007 年二组吸毒人员的出现又是该村不稳定的一个隐患。

十户联保群防群治是农村当前维护治安的重要方式之一。按照"十户联保"的操作方法：根据各村的地形特点，因村制宜、因地制宜把全村划为分 10 多个联防段，每 10 户为一联队段。做到"十户之间"有联系，段段之间通信息。确保一段遇事，四邻皆通，八面合围，十面埋伏，形成天罗地网、预防犯罪的打击机制。十户联防是一种包围和预防措施。清水河镇综治办的规定，没事时就一家出来，有事就全都出来巡逻。所以今年治安情况比较好，据村干部讲：往年有偷牛、偷毛驴的，甚至群众家里的鸡也有被偷的，一组被盗过，今年一组的变压器被盗，据派出所人推测可能是流动人员，为了卖里面的铜线，使得整个村子遭殃，这种现象在其他组也发生过。

"十亿人民九亿麻"，是对打麻将之风的一种夸张写照，但农村里打麻将之声不绝于耳却是不争的事实，特别在新疆，冬季漫长，几个月的农活干完以后就在家里歇着，没事可干，打麻将就成了唯一一种休闲方式，二宫村里没有大型赌博，茶余饭后的小玩玩比较多，特别是冬天。村支书对二宫村打麻将的现象做了这样的描述："三个月种田；三个月过年；半年时间休闲（打牌）"。因而休闲期间的玩牌就成了大众最易接受的方式，据村民讲，因为赌博而被拘留的村民每年都有。

附　录

附录一　支边人

　　要说给二宫村哪个具体人物写个小传，对于只做了短期田野调查的我们，的确是有点困难，村里没有太凸显的人物，村民们在平静中过着自己的日子，没有具体的人物来支撑我完成这段文字，似乎成了一个难题。

　　后来，在反复的记忆和琢磨中，一些老支边村民的面孔逐渐清晰地浮现出来，而且，印象越来越深。之所以有这种感觉，可能是在刚开始的访谈和问卷中，他们支边时意气风发的经历和艰辛的现状曾触动了我，他们那种"毛主席老人家走了，管不上了，胡主席远，也听不见"的无助语言，时不时地在我的耳边响起。他们不是让我们感动不已的兵团创业人，是普通的二宫村村民，但他们也有着兵团人一样的守边精神。

　　他们有的是在中央的号召之下前来的，也有自流来到这一块陌生的土地的，他们是二宫村的开拓者。他们的经历、开拓精神以及在当时的历史环境中所起的客观作用，足以成为为他们树碑立传的理由。具体到一个人身上资料是残缺的，只能以群像的方式做点力所能及的描述。我所说的这群人就是 20 世纪 60 年代前后，来二宫村的支援边疆建设的青年，现在他们的生活却大多陷入了窘困的状态。因此，我觉得以群像的方式，写一写他们记忆中的艰苦经历和他们的无助现状，以补偿一群老人向一个不谙世事的我，抒发自己苦闷时我苍白无力的一种劝慰。

老人们总是喜欢回忆过去，而这些回忆恰恰又补充了二宫村的发展历程。他们在二宫村的各村组都有分布，但一组比较集中一些。记得最早接触这方面资料是从反映新中国成立以来为解决性别不平衡问题，从内地各省招募女兵的一则材料中看到的。后来有一部电视剧叫《戈壁母亲》反映的恰好就是这方面的事，由于没有完整地看完电视剧，对其内容没法评述，只是就其名称，就足以令人感动。据说这部电视剧演绎对象以兵团为主，如果你看到或者听到二宫村的老阿姨们讲到当年的经历，你就会觉得，戈壁母亲应该包括那个时代听从政府号召，奔赴边疆支援建设的每一位女性。自从这部电视剧诞生之后，就有了一个"戈壁母亲"的评选活动，当年选出的一些代表，其事迹，经历、精神，让人震撼，令人感慨。

50 年代初，党中央和国务院大力号召内地大城市从各方面支援边疆和大西北文化建设，支援边疆的青年陆陆续续来到新疆，其中一部分来到了霍城县，在之后的 1962 年 5 月，新疆发生了"伊塔边民外逃事件"。在当时苏联政府驻新疆几个领事馆的策动下，伊犁、塔城边境地区，两三日之内，数万名当地居民携家带口、赶着家畜越境逃往苏联。从 4 月中旬起至 5 月末，伊犁、塔城地区参加外逃的总人数为 74570 人，其中非法越境去苏联的有 61361 人。后

来，在自治区党委、政府部署下，兵团沿边境线建立了十几个边境农场，和解放军边防部队、当地各族人民，共同筑起了钢铁长城，捍卫祖国边防。由于大量的田地荒芜，除了新疆生产建设兵团建设的农场之外，中央从湖南、湖北、山东等地号召大批的青年支援边疆建设，这其中就有二宫村的一些老人。

一位老阿姨讲，当年来新疆的时候，当地政府敲锣打鼓，欢送场面热闹喧天，当地领导在欢送会上一再声称他们是毛主席的好战士，时代的好青年，的确，为了祖国的边疆安全，他们一腔热血，义无反顾，离开亲人，离开故土。

二宫村一位老大爷对前来新疆路上的描述，比较有代表性。据老人讲他们一同乘火车，到兰州，那个时候兰新线还没有通车，先到甘肃西部又参加了一项比较大的水利工程的劳动，关于这项工程，老人家记不得工程的名字，但是劳动的艰辛是老人永远的回忆。由于来自于江苏泗阳县，第一次来到西北地区这样干旱荒凉的地面上劳动，环境很不适应，就这样在这个工程上干了半年时间，又开始西行，终于到了乌鲁木齐。由于老家连年的灾荒，粮食问题特别严重，到新疆以后，发现在这里吃饭不成问题。之后又乘汽车到了霍城县，参加了县上组织的几次大型的工程建设。由于自己觉得文化知识不高，这时清水河镇招收开荒人员，他听说这一带有江苏籍人，就主动放弃前去兵团的决定，来到该镇，在二宫村一带开荒种地。

另一位老阿姨是湖北孝感人，现在70岁，原来支边到兵团的，那时候觉得兵团不如公社好，就主动来到这

图 9 - 1　20 世纪 50 年代的支边老人

里，那时候她 20 多岁，上面对他们也没有太具体的政策。一位老人，原来在霍城县建筑队工作，在下放农村时，他选择了二宫村，后来家乡一部分人通过亲戚的关系也来到二宫村一带，就逐渐形成以籍贯为称谓的许多村子，如二宫村一组被称为江苏村，附近还有河南村、山东村，等等。

　　他们到二宫村时，没有房子可住，大家就在地上挖"地窖子"，在老一代人中间，地窖子留下的印象比较深。所谓地窖子就是在向阳的地方向下挖一个坑，上面用草或者其他东西在上面覆盖，有一个斜道通向坑底，坑底住人，放置家具，卧室兼客厅一体化，冬冷夏热。有人为了美化居室，还在坑壁上贴上各种图画，在当时，领袖像是坑壁上的主要装饰物。

　　一位老人说："村子周围树木稀少，居住只能靠地窖子解决。先用铁锹在地上挖个大约一人高的土坑，然后用一

些树枝铺在上面，再铺上草，铺上一层土，最上面用泥巴涂好当做'房顶'，'房顶'上面再搭个一米多高的棚子，用树枝做一个门，地面下再每隔十几厘米挖一个台阶，供人进出。没有电灯，用煤油灯。有时候整个屋子便被油烟包围。"

住下来以后，公社为这些拓荒者解决了粮食问题，设集体食堂，大家同吃同住，一同劳动。主要劳动是将当地的草场改成农田，当时该村的土地面积不大，周围是大片的草场，不多的一些哈萨克族牧民在周围放牧，当时的公社组织村民开始大规模地开垦土地，请霍城县的技术员前来指导，技术员按照当地水源地及河流的流向进行规划，用石灰在沟壑纵横的大草场上打出大条田和各种沟渠，拓荒者开始了在这一块土地上的工作，之后霍城县为他们援助了一些大型机械，例如拖拉机等，使得工作的效率大为提高。由于水利设施不太完备，当时饮用水的质量比较差，人畜共用一处水源，"喝的是带马粪味的水"，是现在二宫村老人们大都提到的，二宫村就在他们的劳作下一天天地发生着变化，村庄的雏形初见规模，农田也开始大规模成片地出现在村子的周围。

再后来，又经历了"文化大革命"等一系列事件，80年代中期，开始土地家庭承包制，在土地刚开始承包的时候，各家的孩子还小，按照人头分土地。大家也没有太在意，认为过几年又会集中起来，谁知这一政策却一直持续下来，孩子们长大了，该成家的，又一个个地单立门户，家里原来的土地在这样的分配之下越来越少，农民的主要收入来源于土地，土地的减少直接影响了家庭的经济状况。

在 80 年代，家庭联产承包制开始实施，有一部分村民回到了原籍。这些人一般是在 50 年代离开的，80 年代回家，近 30 年，人一辈子有多少个 30 年，30 年中，他们将汗水和辛劳洒在另一片自己热爱的土地之上，正如王蒙说的"故国八千里（从北京到新疆的距离），风云三十年"。回去以后发现，老家的土地已经分配完毕，作为一个农民，既没有土地，又不能适应老家的环境，最终又回到了新疆，他们已经由原来的东部人变成了新疆人，成为真正的边疆人。从客观上讲，由于"伊塔事件"使得边境地区处于无人驻守的状态，兵团迅速组建的边境团场做了填补，而二宫村的形成和扩大，又使得边境团场有了坚实有力的群众后盾。要知道，在中苏边境的局势像小孩子的脸说变就变得那个年代，能在这片土地上坚持生产生活，就是对祖国最大的忠诚。我一直想，在时局不稳的那个年代，即便是不生产，住在那个地方也是一种莫大的贡献。

现在该村的这一批老人大多已经 60 多岁了，年轻时的艰辛劳作使得他们的身体可以用风烛残年这样的词语来概括。而贫困的现状，又使得他们不得不为生活继续奔波。他们不像兵团职工，有退休工资，他们还必须在 30℃ 的高温下弯腰在棉田里摘棉花打工，以补贴家用。

这是一位支边老阿姨的家，是一座典型的新疆农村的建筑，特大的院子有六分地，房子前面一块很大的地方是菜园子，一排 5 间土房子，两个门，坐东北朝西南，以利于吸收阳光，房檐前伸，用柱子支撑着，形成一个近两米走廊，东边有一间房子突出，和房檐并齐，平房顶，这和新疆雨水不多的特点相适应，冬天下雪，人可以到房

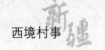

顶上把雪扫下来。可就在今年夏天，天气反常，雨水比较多，使得这些土房子有些损坏。阿姨的屋子里几乎没有几件像样的家具，地上坑坑洼洼的，没有水泥地板，没有一个窗户上是有帘子的，一台17英寸的电视机是唯一可以看到的高档物品。房顶由于今年雨水多，中间塌陷了，阿姨告诉我，今年的煤又涨价了，这个样子冬天也难过，老伴儿拄着拐杖，走路特别不方便，是那种老年痴呆症的症状，说着说着就哭起来。老阿姨告诉我，家就这个样子，儿子成家分出去了，他们也不容易，这边跑得多了媳妇肯定是不高兴的，就不大让儿子过来，日子就这样凑合着过了。

二宫村老人对日子无可奈何。我国农村的养老保险还未深入到每一个村庄，对比兵团男性职工60岁，女性在55岁以后，就有一定数额的退休工资，这是二宫村的这些老人心里很不痛快的事，因为其中一部分村民是和附近兵团职工一同前来支边的；在谈起和家乡的比较发展的差距，则更令他们嗟叹不已。

在边界线上，我们才会有寸土寸金概念，国土神圣的感慨也会更加深刻，但我们看到边界线上老支边的生活却是朴素和无奈，而他们对祖国所做过的是永远值得我敬仰的。

附录二　江苏对口援助霍城县[*]

霍城县是2002年中组部确定的由援疆干部担任县委书

---

[*] 援疆办：《江苏援疆》，霍城县人民政府公众信息网，2008年3月15日。

记的试点县之一，这一政策的推行，取得了良好的效果。从 2002 年开始江苏援疆干部担任县委书记的 3 年间，霍城签订招商引资合同金额 9 亿多元，到位资金超过 7 亿元。仅 2004 年，全县 GDP 总量为 176441 万元，较 2002 年净增加 44941 万元，农牧民人均增收 438 元。2005 年开始，第二届援疆试点工作继续进行，截至 2007 年 9 月，累计完成 GDP 总值 46.52 亿元，2007 年上半年，财政收入就达 4045. 万元。

2005 ~ 2008 年，江苏无锡对口援助霍城县的部分项目及开展的工作：

1. 实施"1015"工程，推动了全面对接。

无锡市 15 个乡镇、10 个部门与霍城县相应单位结成了对口协作单位，开展对口合作（简称"1015"工程）。两年来，在两地的关心支持下，逐步形成了"1015"对口协作机制，实现了"1015"工程全方位对接、大范围拓展、高质量提升。目前，"1015"工程成员单位已经由 2005 年下半年的 25 个增加到目前的 42 个，在这些单位的带动下，省、市工商界人士和民间团体也主动到霍城来考察洽谈、投资合作，两地合作领域也由以资金和项目为主逐步转变为资金、设备、技术、智力、管理多个方面同时进行。同时，也由乡镇、县市职能部门逐步开始向医院、学校等二级单位和村一级拓展，为两地专业技术人员和村干部加强交流提供了平台。

2. 不断增进交流互访，加大援建项目建设力度。

两年来，江苏省、无锡市赴霍城考察的代表团达 144 批、3010 人，霍城向省、市派出各类团队 69 批、640 人。通过互访，当地干部开阔了眼界、转变了观念、增长了才

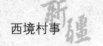

干，为霍城的长远发展奠定了基础。确定了江苏省、无锡市两级三年援助霍城项目资金 8400 万元。目前在省、市两级的关心下，9 大援疆项目全部立项，援建的标准化厂房一期、垃圾处理厂、污水处理厂、村级阵地建设、福利院已竣工使用，社会效益和经济效益初步显现。

3. 筑巢引凤，优化创业环境，提升园区水平，不断推动工业化进程。

2006 年投入 3570 万元江苏援疆资金，率先在全州开展了园区配套建设，实施"筑巢引凤"战略，完成了近 20000 平方米标准化厂房、污水处理厂、垃圾处理站、综合服务中心四大配套工程，使园区整体竞争实力明显提高，江苏工业园被列为伊犁州三大工业园之一，为开发区跨越式发展抢占了先机。同时，援疆干部以市场运作的方式实现了园区的滚动开发，伊犁昌泰实业和浙江金华实业分别投入 520 万元和 4000 万元启动园区二期、三期标准化厂房建设，工程将于 11 月上旬竣工，届时园区标准化厂房建筑总面积将达 65200 平方米，为园区规模发展拉开了序幕。投入城镇基础设施建设资金达 600 余万元，先后完成了环境整治、下水管网铺设、河道治理工程，使城镇面貌焕然一新，基础设施实现了"六通一平"，使江苏工业园区成为产业明确、功能完善、服务一流的新型工业化发展的平台和投资商创业的乐园。

4. 依托援疆优势，加强了争取援助力度。

一是积极向上争取资金。两年来，与当地干部一道，先后向上争取项目资金 1.5 亿元，向中央各部委争取项目资金 2700 万元。二是积极向无锡争取资金和帮助。在三年援助 8400 万元项目资金的基础上，争取无锡各界其他援助资金 3198.8 万元。这其中，争取无锡企业资金 355 万元，援建小学 6 所，争取慈善会基金 170 万元，资助贫困学生 23 万元，捐赠贫困农牧民过冬棉衣 10 万件。协调无锡城建、交通、园林、规划等部门帮助霍城免费完成了城镇规划、景观规划、道路及重点工程规划设计。三是积极争取对口乡镇支持。无锡市属各乡镇在资金、技术等方面大力支持帮助霍城对口乡镇，仅援助村级阵地建设资金就达 611 万元。四是积极开展"无锡万人游霍城"活动。计划三年实现 10000 人到霍城旅游的目标，结果仅 2006 年一年就达到 8500 人，不仅带动了霍城相关产业的发展，而且还带动了伊犁乃至全疆旅游业的发展。

5. 扩大范围，加大了智力援助力度。

每年派出多个医疗代表团到霍城考察指导工作，无锡市、江阴市、滨湖区、锡山区、崇安区党政代表团先后来霍城考察；省国税、市地税也积极为霍城的财政增收出谋划策；无锡湖滨饭店自费委派 10 多名管理人员到霍城赛里木湖大酒店帮助管理，提高了酒店的服务水平；市科协帮助霍城开展"樱桃李蒸馏酒"科技攻关项目；市卫生局、医管中心派出多个医疗代表团到霍城考察指导工作，选派 14 名援疆医生到霍城挂职，开展新医疗项目 22 项，填补了 15 项当地技术空白，提高了当地的医疗和管理水平；市教育局派出讲师团到霍城讲学交流，为霍城带来先进的教育理念和方法，提高了教师的整体水平；分批委派广播电视技术人员来霍城帮助培训专业人员，提高了技术操作水平。

由于援疆干部的突出贡献，多次受到当地政府的表彰，2008 年 1 月 11 日霍城县决定为 7 位专家组成的无锡市援霍

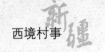
城县医疗队记集体三等功。文件中这样陈述记功理由：远离家乡和亲人，来到霍城县，投身到霍城县卫生事业的改革与发展中。一年来，援霍城县专家克服了时差、饮食、语言、环境、文化上的差异和生活、工作上的困难，忠于职守，勤奋工作、无私奉献，带来了发达地区的先进理念、精湛的医疗技术、勤奋敬业的工作作风和高尚的医德医风，为霍城县卫生系统每位医务工作者树立了榜样，有力推动了霍城县卫生事业的发展。

附录三　访谈资料摘选

（一）

清水河镇二宫村 2007 年 10 月 10 日

李晓霞所长访谈：

访谈对象主要是村支部书记（MFQ，回族）、民兵连长（LZH，40 多岁，一组人）、会计（有时在）。

访谈地点：村委会院中

民兵连长：我家有 4 口人，3 口人没有地。有 60% 的人没有地，必须到外面务工……农民以自己为中心。现在农民不好管，最头痛的事就是上访，村里曾经为修路的事上访。

马书记：我争取到一个修渠的项目，项目资金 531 万元，预算 800 多万元，要投工投劳，县里只有 20 多万元。老百姓不掏钱。现在老百姓抵触情绪大，一收钱就认为是政府行为，不相信，如果是企业承担打井，就可能做成。

合作医疗刚开始，我一家家跑，硬让参加。现在一些人想办了，看到了好处。要见到好处才行。

做事太难了！我在政府天天哭穷。去年赔了100多万元。修渠、井。我们这儿土层只有10~20厘米，最薄只有5厘米，一年浇3到4个水，甚至5个水，一般1到2个水就够了。打了4眼井。老百姓以为我拿了钱，他们说不是那么多钱，"政府用了"，把我都告到县里，调查后，说没有这事。上面也没有追究责任，干部的事不好做。

干群关系紧张有好长时间了。改革开放后过了几年，就不行了，1985、1986年以后吧。农村税收太高，计划经济，三提留、五统一，都是强制性。老百姓说种地是自己的事，想种什么就种什么。1997年的"白色革命"，搞地膜苞米，这也是全地区、全疆的事。地膜寒冷地区，棉花也可以。地膜苞米不行，根浅、秆高，风一刮就倒。增收的部分与地膜价格拉平，后来取消了，影响到现在，农行、银行的贷款还没还账。

白色革命，就是用地膜、化肥等。1995、1996、1997、1998年，薄膜欠了30万元左右。当时是以村长、队长个人名义贷的。2005年把会计、村长抓起来，他们签的贷款。会计张永详、刘军义各被抓了一次，村里借些钱，7000元，还了款，就放人。现在都是呆账。

村里整个欠了几十万。小麦差价，大概是1994、1995、1996、1997、1998年，要交余粮，征购任务，不交就一公斤两毛钱交差价。镇上挂小队的，小队就挂私人。

现在村上欠镇上822353.65元，主要是工程款。1996年前后修大渠（东干渠），渠修好三年就没有了，这是欠账修的。没法还，没有能力还。村上没钱，老百姓也不愿还，

渠的质量不行。

集体经济基本没有，村集体 570 亩地，2002 年一次性包出 15~25 年，给了 30 万多点，打井等，一次就花完了。（曾）现在县里新出台文件，最长只能包 3~5 年，不许长时间包，是无效合同。

曾：干群关系是历史遗留问题。有时政治思想工作无用，干什么事都要钱。经济上去了，政治思想才上去。路不好，是事实，但谁来干？自己不干，就会抱怨，光当书记了，为什么不修路？

马书记：这次低保，给了 303 个名额。报不了这么多人，报了 202 个。1 小队里村民会开了 3 次，都失败了，都想上，最后让代表们选，选了 23 户，不增加，增加谁都不行。第一次开会，90 多户，一家出一人。低保分 4 等，一等 40 元，二等 25 元，三等 20 元，四等 15 元。名单是代表弄出来的，还有人不愿意。一年轻人，经商的，骑着摩托，比我的都好，带他的母亲到我这儿拍桌子，也没有羞耻感。

（二）

清水河镇二宫村 2007 年 10 月 10 日

杨富强访谈：

访谈地点：二宫村新农村平安建设队的办公室

访谈对象：ZKRN，二宫村新农村平安建设队的办公室队员之一，一位维吾尔族青年，汉语说得比较流利，交谈中，有不太清楚的地方，他就打开随身携带的一本厚厚的维汉词典，翻翻马上就明白了。

2005 年毕业以后被分配到霍城县司法局工作，现在属于社会主义新农村建设平安队的成员，平安队一共有 3 位成员，另外两位，一位是霍城县司法局的哈萨克族干部，一位广播电视局的维吾尔族干部。由于 1997 年发生的伊犁"2·5"事件，在最后的清查中，发现在二宫村二组就有十几位村民参与过相关的一些活动，比如"泰比力克"地下讲经活动，或非法私藏相关文件的，这个村组就成了一个重点村。

县上每年都派人员下来，组成工作队，工作队隶属于稳定办，其主要任务就是对有关问题人员在思想上进行帮教，在生产生活上予以关心和照顾。我们这是第十一批，节假日不休息，节假日 3 人轮流回家，按规定必须要有两个人在岗位上，每月生活补贴 220 元，以前自己做饭吃，餐具由清水开发区负责提供，现在雇用了一位维吾尔族妇女做饭。

我是党员，有人说我们是监控，其实没有那么严重，现在不像前几年，周围的气氛比较紧张的，现在大家都能想得通，挣钱改善自己的生活才是最为重要的，我们的工作现在也比较好搞，那些重点的帮教对象，思想上有了很大的变化，用他们自己的话说："我们再不会参加非法的宗教活动了，最好不要很正规地来家里帮教，这样家里老人及孩子们看到就不好受，如果有什么事，我们自己会到村委会讲的，绝不会隐瞒什么东西的。""以前不知道那是坏人，现在知道了就不跟着干了，以后不放心，尽管来，来了嘛，我们欢迎，不过最好是不要多来。"我们来之前，有些思想比较顽固的自己留大胡子，还让家里的女人蒙面。帮教活动主要是以讲课和谈心为主。

帮教对象的档案包括一些谈话的大致记录，以及当时帮教对象所参与的活动等，档案格式如下：

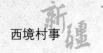

谈话人：

被谈话人：

谈话地点：

谈话人姓名：　　　性别：　出生年月＿＿文化程度＿＿籍贯

＿＿谈话地址＿＿

家庭成员	关系	名字	年龄	出生年月	从事职业
	妻子				
	儿子				
	女儿				
谈话内容					
被谈话人表现					
被谈话人态度					
被谈话人签字：					

参考文献

[1] 费孝通:《江村经济:中国农民的生活》,江苏人民出版社,1986。

[2] 陈国强主编《简明文化人类学辞典》,浙江人民出版社,1990。

[3] 费孝通:《江村农民生活及其变迁》,敦煌文艺出版社,1997。

[4] 林耀华:《民族学概论》,中央民族大学出版社,1997。

[5] 张厚安、徐勇、项继权等:《中国农村村级治理——22个村的调查与比较》,华中师范大学出版社,2000。

[6] 韩明谟:《农村社会学》,北京大学出版社,2001。

[7] 赵嘉文、马戎主编《民族发展与社会变迁》,民族出版社,2001。

[8] 庄孔韶:《人类学通论》(修订版),山西教育出版社,2004。

[9] 虎有泽:《张家川回族的社会变迁研究》,民族出版社,2000。

[10] 马戎、潘乃谷、周星主编《中国民族社区发展研究》,北京大学出版社,2001。

[11] 王铭铭:《社会人类学与中国研究》,三联书店,1997。

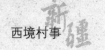

[12] 马戎编著《民族社会学——社会学的族群关系研究》,
北京大学出版社,2004。

[13] 马戎:《民族与社会发展》,民族出版社,2001。

[14] 王铭铭:《社区的历程——溪村汉人家族的个案研
究》,天津人民出版社,1997。

[15] 马戎:《西藏的人口与社会》,同心出版社,1999。

后　记

　　根据中国社会科学院中国边疆史地研究中心主持的项目"新疆历史与现状综合研究项目"子课题"当代中国边疆地区典型百村社会与经济发展调查"的要求，新疆维吾尔自治区有 22 个村纳入此次调研计划，由李晓霞研究员担任组长的霍城县调研组承担了四个村和一个兵团连队的调查任务，作为课题组的成员之一，笔者主要承担了二宫村的调研和写作任务。

　　调查点隶属于伊犁哈萨克自治州，自新中国成立以来，该州发生的"伊塔事件"和伊犁"2·5"事件，对调查点居民的生产生活都有着较大的影响，而且该村是个多民族村，民族因素、宗教因素在人口不足 3000 人的村子里表现得也比较突出。调研组 6 位成员在李晓霞组长的带领下，分工合作，尽可能地深入到村民生活的各个方面，以图有一个较为全面的了解。虽然村子不大，但要在短时间内对村落的各方面进行全方位的、细致入微的描述，难度还是存在的，写作中对于调查中所了解到的各领域尽量做出客观描述。

　　为避开农忙，田野调查是在 2007 年 10 月展开的，调研过程中，调研组组长李晓霞研究员从调研提纲的设计，调研点各种关系的接洽，访谈过程中的方向、方式的调整，访谈资料的记录，课题组成员的食宿到督促稿件的完成等方面亲力亲为。课题组的阿布力孜、吐尔文江、马秀萍在开展对二宫村的调查中，倾其全力。同时，霍城县综治办王主任给予了热情的接待，清水河镇主任和二宫村的村委会马书记以及村委会其他成员在农忙期间专门抽出时间予以全方位的配合。写作过程中中国社会科学院边疆史地研究中心提供了巨大的支持，李方老师和张永攀老师对初稿细致的审读及独到的点评，新疆课题组的总负责、新疆社会科学院中亚研究所的马品彦先生和中国边疆史地研究中心的厉声主任多次予以指导。这一切是拙作得以完成的重要保证，在此表示深深的感谢。

完稿于

2009 年 7 月 28 日

图书在版编目（CIP）数据

西境村事：新疆霍城县清水河镇二宫村调查报告 / 杨富强著 . —北京：社会科学文献出版社，2012.6
（当代中国边疆·民族地区典型百村调查. 新疆卷. 第2辑）
ISBN 978 - 7 - 5097 - 3210 - 6

Ⅰ . ①西…　Ⅱ . ①杨…　Ⅲ . ①农村调查—调查报告—霍城县　Ⅳ . ①D668

中国版本图书馆 CIP 数据核字（2012）第 048415 号

当代中国边疆·民族地区典型百村调查：新疆卷（第二辑）

西境村事
——新疆霍城县清水河镇二宫村调查报告

著　　者 / 杨富强

出 版 人 / 谢寿光
出 版 者 / 社会科学文献出版社
地　　址 / 北京市西城区北三环中路甲 29 号院 3 号楼华龙大厦
邮政编码 / 100029

责任部门 / 人文分社（010）59367215　　　责任编辑 / 孙以年
电子信箱 / renwen@ ssap. cn　　　　　　　责任校对 / 王红杰
项目统筹 / 宋月华　范　迎　　　　　　　　责任印制 / 岳　阳
总 经 销 / 社会科学文献出版社发行部（010）59367081　59367089
读者服务 / 读者服务中心（010）59367028

印　　装 / 北京季蜂印刷有限公司
开　　本 / 889mm×1194mm　1/32　　　　本册印张 / 8.625
版　　次 / 2012 年 6 月第 1 版　　　　　　本册插图 / 0.125
印　　次 / 2012 年 6 月第 1 次印刷　　　　本册字数 / 191 千字
书　　号 / ISBN 978 - 7 - 5097 - 3210 - 6
定　　价 / 196.00 元（共 4 册）